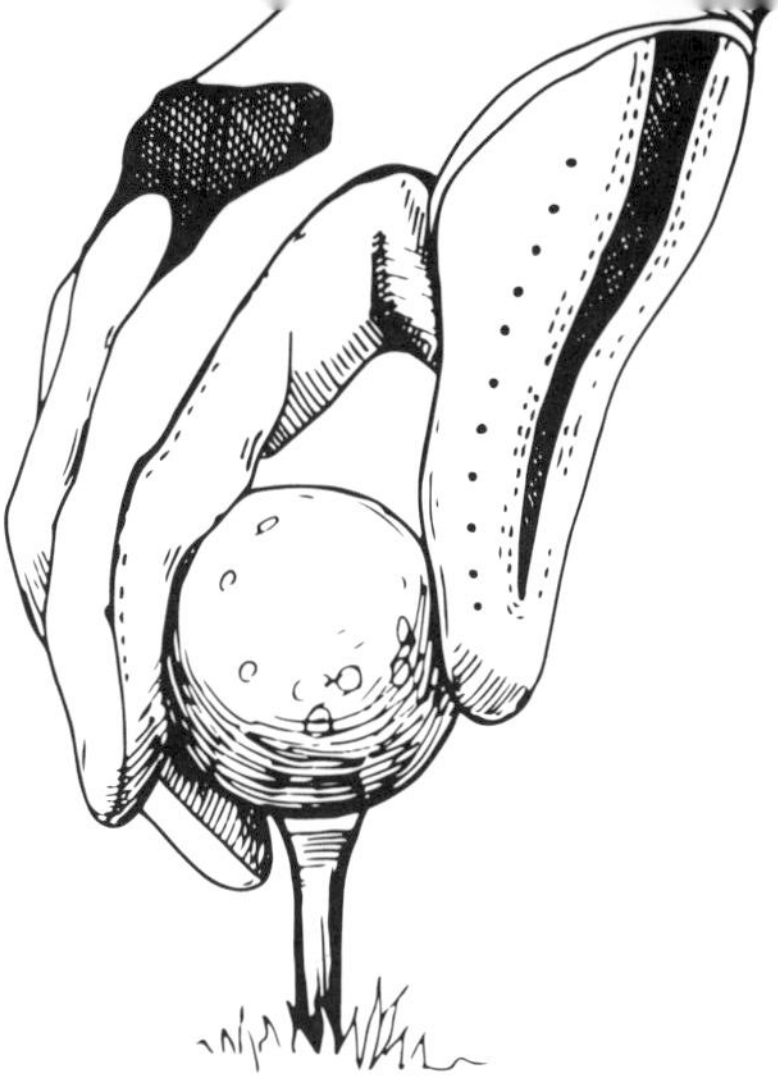

服部道子 著
2020東京オリンピック　ゴルフ日本代表女子コーチ／プロゴルファー

迫本淳一 特別寄稿
松竹株式会社代表取締役社長

心をシンプルにすればうまくいく

好転力

世界文化社

はじめに

日本では今、女子ゴルフが大きな盛り上がりを見せています。若くて、才能のある選手が次々に現れ、世界の舞台でも活躍を続けています。テレビや雑誌には、華やかで、笑顔に満ち、エネルギッシュな女子ゴルファーたちの姿があふれています。そんな世界に憧れる子供たちも多いのではないでしょうか。

私は10歳でゴルフを始めて、23歳でプロに転向。現役を引退したのは41歳のときでした。つまり30年以上、ずっとゴルフ一筋の生活です。その間は常に試合から逆算してスケジュール管理をしなくてはなりませんでした。プロの世界には華やかな印象があるかもしれませんが、その裏は自制することだらけです。どんなに楽しそうな食事会や遊びの誘いがあっても、そのほとんどは断らなくてはなりませんでした。というのも、ゴルフのような個人競技には、何の保証もないからです。ちょっとでも気を緩めれば、途端に階段から転げ落ちるように居場所を失ってしまうのです。

みんな一生懸命に、それぞれの人生を背負って戦っています。そんな世界で生き残り、結果を出していかなくてはならないのに、コースの中で頼れるのは自分しかありません。自分と対話し、時にはなだめすかし、機嫌を取り、自らを強く鼓舞することも必要です。「何のためにこの仕事をやっているのか？」。そんな根本的な質問にも明確に答えられなくてはいけません。迷っていると、その分置いていかれてしまいます。

ゴルフは厳しい状況に置かれても、瞬時に状況を好転させる力＝「好転力」が求められるスポーツなのです。しかし、それは一つの要因だけでできるものではないと思っています。それまでの練習への取り組み、試合に向けての食事も含めた体力作りや体調管理、試合当日のメンタルコントロール等々……どれ一つが欠けても好転力は生み出せません。

本書はこれまで現役時代に、私がどんなふうにして物事を好転させてきたのかを、自分の経験や出会った方々などの話を交えてまとめています（とはいえ、好転させられなかったこともたくさんあったことを最初に白状します）。

私も私なりのやり方で、18年間のツアープロ生活を続けてきました。幸い18勝を挙げることができ、賞金女王にもなれました。それは、多くの方々の支えがなければ達成できなかったことです。そんな私の歩んできた半生が、お読み頂いた方にとって、何か一つでも参考になることがあり、皆様のわずかな道標になるのであれば、これ以上の喜びはありません。

好転力◉目次

Chapter 1

Chapter 2 本当の自分を活かす方法

Chapter 4

複雑なものこそシンプルに考えてみる

Chapter 6

見方を変えてみる

Chapter

7

失敗は成功の一部

※本書で記載される勝利数などの記録は、
２０２１年６月15日時点のものです。

Chapter 1

明日は今日から始まっている

Episode 1

転機は偶然やってこない

石の上にも10年

「継続は力なり」と言いますが、選択肢の多い現代で一つのことをやり続けるのは決して容易ではありません。取り組んでいることが価値のないように思えたり、他人の姿がまぶしく映ったりもします。それでも、やり続けることでしか見えてこない世界があります。それまで想像もしなかった景色が目の前に突然パッと開ける。そして自分の成長を感じて、大きな喜びに包まれる。その大きな変化の鍵が〝継続する力〟であることを私はゴルフを通して学びました。

小学生の頃、私はバスケットボールと陸上をやっていました。小学4年生からは祖父の勧めでゴルフも始めます。しかし当時ゴルフをやっているのは年配の方ばかり。アクティブに身体を動かすことが好きだったので、当時はゴルフより他のスポーツに夢中でした。そして、中学生になってからも、1時間半のゴルフの練習は〝7時限目〟の授業といった感じで、とても長かったように記憶しています。

それでも母は「好きか嫌いかなんて、少しやっただけでは分かるはずがない。何事も10年やってから決めなさい」と言うのです。母の目を盗んで遊びに行ったこともありましたが、母はそれを知っていても何も言いませんでした。ですが、仕事も家事も黙々ときちんとこなし、さらに私のサポートまでしてくれる姿を見ているうちに、こんな中途半端な自分じゃいけないと、だんだん申し訳ないという思いが湧いてきたのです。当時はどうすれば良いかという、具体的な道筋は分からない状況でしたが、心の中では、「今の自分を変えたい」と強く願うようになっていました。

そんな中学3年生のある秋のことです。練習場に行くとすごい球を打っている人がいたのです。身長は私と同じくらいなのに、ヘッドスピードがものすごく速く、当時流行のドライビングアイアンを初めて見るような高弾道で打っている。「私もロングアイアンであんなハイボールを打ちたい」と食い入るようにしばらく見ていました。もちろんそんな気持ちになったのは初めてでした。家に帰り、早速母に話すと、それはプロゴルファーの森道《みち》應《おう》さんだと分かりました。「私、森さんにどうしても教えてもらいたい！」。居ても立ってもいられなくなった私は、母に嘆願していました。すぐに母に森先生のところに連れて行ってもらい、自らお願いをし、幸運にもそれから2週間に1度、2時間のレッスンをして頂くことになったのです。

それから、すべてが変わりました。

森先生は海外経験も豊富でした。「海外はグリーンも芝も違う。君は背が高くて高い球を打てるから、海外の芝にも対応できるスイングを身に付けられる」と、私のやる気をかき立てるように教えてくれました。先生はとても穏やかでどんな質問も笑顔で聞いてくださるので、私はなんでも素直に聞けたのです。たとえば遊び感覚で球を曲げたり、高さを出したり、いろいろなライ（地面）のことや、いろいろなテクニックなどを飽きさせずに教えてくれ、その他にもボールの見る位置を変えるだけで球筋は変わることなど、すべてが目から鱗が落ちることばかり。先生に習い始めてからは、あの〝7時限目〟はあっという間に過ぎていきました。突然、私の中でゴルフに対する情熱の扉が開いたのです。

　私は自分でも運に恵まれている人生だと思っています。しかしそんな運だけでは突破できないことも多くあります。森先生に出会えたのは幸運であり、偶然かもしれませんが、懸命に自分を変えたいと願っていたからこそ、引き合わされたようにも感じます。こうした転機はそうそう訪れるものではありません。「これだ！」と思ったら、あれこれ悩まず思い切って飛び込む勇気、勢いも大事。そう考えると、幸運を呼び込めるのは、結局自分自身の行動如何《いかん》です。幸運（転機）は偶然やってこない、ということですね。

Episode

2

自分をプロデュースする

ワクワクする自分を作る

もし、一般的にいう〝カッコいいゴルフ〟ができれば勝てるのでしょうか？

たとえばカッコいいゴルフをするプレーヤーと言われて真っ先に思い浮かぶのは、タイガー・ウッズさんです。どれをとっても完璧なプレーをする人です。全盛期のウッズさんは誰よりも遠くに飛ばし、誰よりも高いボールでピンをデッドに攻めていき、軽々とバーディ、イーグルを奪っていきました。皆、あんなゴルフをして勝ちたいと思うのではないでしょうか？　しかし、そんなウッズさんでさえ、２００６年の全英オープンでは、４日間のうち、ティショットに1回しかドライバーを使いませんでした。２番アイアンを駆使して優勝したのです。風が強く、フェアウェイも硬く、多くのポットバンカーが待ち受けていたため、それまでのプレースタイルを変え、マネジメントに徹しました。この優勝はリスクを取らず勝ちにこだわった結果だと言えます。

そうしたことから分かる通り、大切なのは自分にとっての理想は理想としつつも、ケースごとにベストな方法を考え続けることです。

それは「自己プロデュース」と言い換えてもいいかもしれません。

ゴルフは18ホールを4日間、誰が最少ストロークであがるか、という勝負です。そのために自分に何が足りていて、何が足りていないのか。抜群の飛距離があっても、それがスコアにつながらなければ、ただの見栄であり、自分の満足だけで終わってしまいます。「自己プロデュース」とは、まず自分自身を把握することです。

コンピューター上の格闘ゲームに例えれば、自分が使うキャラクターの特徴を、まずはきちんと把握することです。パンチのスピードや、体力レベル、必殺技（笑）。それらを理解した上で、相手に応じた戦略を組み立てていく。がむしゃらに殴りかかっても、返り討ちに遭うだけです。ただし、ゴルフは格闘ゲームとは違います。最後はスコアで競うけれど、直接的に相手から攻撃されるわけではなく、自分が思ったようにゲームを進めていけるのです。

自分というプレーヤーを客観視し、いかに冷静な判断を下していけるか。終盤に崩れることが多いなら、その原因は何なのか？　体力なのか、メンタルなのか、他のことなのか？　もし身体が疲れていたら、そのときの調子に合わせ、１クラブ大きめの選択をしてコントロールショットで打ってみるなどです。自分を客観視できれば、心に余裕が生まれ視野が広がり、自分も周りもしっかり把握できます。たとえば朝、コースに向かうときに赤信号が多いなぁと感じたり、人との会話に必要以上に突っかかってしまったりしたら、自分でも気付かずイライラしている証拠で、そんなときは要注意かもしれません。ただそこで、今の心の状態を知ることもできます。

ゴルフは総合力。数字だけでは分からないことも多く、自分自身が最大のコーチです。前日の食事や余暇の過ごし方を変えるだけで急に調子が上がったりもしますし、視野を広く持って人の意見をよく聞いて取捨選択することも、不可欠な力です。たとえば、練習場の地面が硬いから気を付けてと言われれば、手首などの怪我を防ぐために、ショット練習を減らしアプローチやシャドウスイング等に柔軟に変更するなどです。そのためにも、自分自身を俯《ふ》瞰《かん》して見られるように、毎日をしっかりリセットする過ごし方がとても大切です。毎朝、今日もまた違った発見ができるかもしれないと、ワクワクしている自分を作るために何ができるかを考えます。その作業は結構楽しかったりもするのです。

Episode 3

自分一人で戦っているのではないと知る

個人競技に見えて実は…

ゴルフは個人競技なので、休息も食事も睡眠も自分中心に決められ、チーム競技と違い、練習も自分で調整できます。コーチも自分で選べます。だから成績も含めてすべて自分が選択した結果と思えます。

しかし、そうしたことから、すべてを一人で戦っているのかと言えば、それもまた違います。

中学3年生で森先生（18ページ参照）に教えてもらうようになってからは、自分は一つの駒になったような気がしていました。母は忙しい中で練習場への送り迎えをしてくれ、先生や父も含め、弟妹たちや友人たちにも助けてもらいました。それはまるで、みんなで運んだバトンを最後に受け取り、結果を出すのが私の役目という感覚。ですから良い成績が出たときは、嬉しいというより正直ホッとする気持ちが先でした。

また、プロになれば、ファンやスポンサーがいるので新たな責任も生まれてきます。現役を引退した今なら明かせますが、トップで迎えた最終日は、朝起きるのが怖かったのです。目が覚めると、まずは身体にどこも痛いところはないだろうかと恐る恐る確認し、身体がしっかり動くことにひと安心。練習場に行き、どこにも違和感がないとまたホッとする。最後に試合で完結させるのが私の役割ですし、これまでのみんなの思いも詰まっているので、どうしても最後のランナーである私で失敗をしたくなかったのです。

そのため、自分に対してやれることは最大限準備しておくよう心掛けていました。きちんと準備をしていないとスタートラインにも立てないですし、チャンスが来てもつかまえられません。今年が良くても、来年も良いという保証はないので、現役時代はいつも追い掛けられているイメージでした。そして毎日、〝試合から逆算した生活〟を送っていたのです。

当時はそれが当たり前で全く苦にもしていませんでしたが、ツアー生活から離れ、〝逆算生活〟から解放されて初めて、とても自己管理に縛られた生活を送っていたことを実感しました。無理してたくさんの量を（飛距離、パワーアップのため）食べなくていい。寝たくないのに決まった時間に寝なくていい。それまでは、明日が早いからそろそろ……と、いつも時計とにらめっこしながらご飯を食べていましたから。

でも、今思い返せば自分一人で戦っているのではないという自覚と責任感こそが、現役生活を支えていてくれました。だからこそ続けてこられたのだと思います。現役を終えた今、テレビ解説などの仕事をしていると、私が現場に入る前から入念に準備しているスタッフや、試合後、遅くまで残って作業するスタッフなどがいることに気付きます。彼らがいることで、この仕事に気持ち良く取り組ませて頂いているのだと、いつも実感します。私はあくまでもチームの中の役割の一つを担わせて頂いているのです。おそらくこれは、どんなスポーツ、どんな仕事であってもきっと同じなのでしょう。一人でやっているように思えても、きっと誰かを支え、誰かに支えられているはずです。

Episode

4

明日は今日から始まっている

松山英樹さんの大偉業

最終18番ホールのパーパット。日本中がその瞬間を待ち望んでいました。

2021年4月11日。日本の誰にとっても永遠に忘れることのないであろう大偉業が達成されました。——マスターズで松山英樹さんが優勝したのです。

ゴルフトーナメントは3～4日間もかけて1試合（大会）が行われます。

1ラウンドのプレー時間が大体4時間だとして、1試合で延べ16時間はプレーをしている計算です。しかし、実際にプレーヤーがテークバックをし始めて打つだけの時間を見ると、4日間でわずか7分程度。それ以外はすべて〝考えている時間〟です。試合中にこんなに考える時間が長い競技は他にないのではないでしょうか？


ですから、最終日の18番ホールを迎えるときは、一層気が引き締まります。優勝争いをしながら迎える最終ホールは特にそうでした。

グリーンに乗せ、〝最後のステージ〟に向かうとき、多くのギャラリーが拍手で迎えてくれます。試合の局面によって感じる気持ちは様々ですが、ここまでくるとギャラリーの拍手は力に変わります。そして長い長い自分との戦いを経て、ようやくここにたどり着いたと、身震いするような充実感もあります。

ですが、ここでミスをすれば、これまでの4日間の努力は水の泡となります。こんなときに私は〝相手は絶対にミスをしない〟と考えていて、「最後の最後に自分が試されている」との思いで向き合っていました。そこでは、どうしたら自分のストロークで打てるか、そのことだけに集中するのです。中途半端な気持ちでパットを打つのは絶対にやってはいけない。私はいつもそのようにストロークをイメージしていました。プロゴルファーなら誰でも、パットを打った瞬間、ミスパットだったかどうか分かります。だからそうなる〝前〟が重要です。私の場合、高まる気持ちを落ち着かせるために、意識的に動作をゆっくりするようにして、自分の内側＝気持ちに集中するように心掛けていました。勝負どころのパットは「気持ち」がすべてです。少しでも怖さや躊躇《ちゅうちょ》があるとインパクトが狂い、ストロークもブレます。ボールやカップを見ようとすると身体の軸がずれ、身体の〝どこか〟が力んだり、緩んだりしてしまうのです。だから何にもブレない気持ちが重要なのです。

　最終日は、それまで試されてきた自分の「最終の心のテスト」が待っているのです。

　どんな最終日でもこのような気持ちですから、マスターズで優勝争いをしてトップで迎えた最終日の18番ホールに挑む松山さんは、一体どんな気持ちだったのでしょう。
彼は早くに才能を認められ、順風満帆なＰＧＡツアー生活を送っていました。しかし、メジャーではあと一歩で優勝を逃がしたり、なかなか彼が思うようなゴルフができない年もあり、相当悔しい、歯《は》痒《がゆ》い日々も多かったと思います。それでも今年は自らに足りないものは何かを問い続け、初めてコーチをつけてシーズンに臨みました。

これまでも松山さんのプレーを見てきましたが、今回のマスターズでの彼は表情が違って見えました。終始、何か重りが取れたかのような軽やかな顔に感じたのです。それを実感したのが、特に悪いショットをした後の彼の表情やしぐさでした。これまでとはハッキリ違っていたと思います。ミスをしてもすぐに次のショットやホールでリカバリーしていましたし、以前は苦しんでいたパットもとても良かったのです。本当にリズム良く、気持ち良さそうにパットをしていたのが印象的でした。悪くなりかけた流れの中でも、自然に気持ちの切り替えをして、ゲームを好転させていく力を今まで以上に感じました。今回のマスターズでは、これまでの想像を絶する努力と、積み重ねてきた準備がしっかり、噛み合ったのだと思います。

ゴルフは〝考えるスポーツ〟であり、〝自分が試される競技〟です。

それは厳しいものですが、だからこそ楽しい。私はそう思っています。

パットは打つ前に入るか入らないかは大体決まっており、そこにたどり着くまでが重要です。さらに言えば、その大会にどう準備してきたのかで、もうおおよそのことは決まっていると思います。

そう考えると、「明日はもう今日から、いや、そのずっと以前から始まっている」のです。

Episode 5

想定外を言い訳にしないために

私のこだわり

プロゴルファーに旅はつきもの。1年のうち9ヶ月あまりを毎週毎週、試合から試合へと各地を渡り歩きます。そんなとき、ホテルの部屋をいかに快適な空間にするかは、試合で良いパフォーマンスを発揮するためにも重要です。現役時代の私のこだわりを少しご紹介しますね。どれも自分の「好転力」を発揮するためには必須のことばかりです。

まず、部屋はツインルームのシングルユースが理想です。キャディバッグと、長期の海外旅行ほどの大きなスーツケースを持っていくので、狭い部屋だと荷物を置ききれないのです。ツインなら使わないベッドに必要な物を置けます。さらに、ストレッチや軽いトレーニング、パター練習もするので、ある程度の広さが必要です。とはいえ、広過ぎずというのが好みです。あまりにも広いと、うっかり者の私の場合、どこに何を置いたか忘れてしまうということもありますが、でも正直なところ、ゴルフ場で毎日10キロ近く歩いているので、部屋ではもうできるだけ歩きたくないというのが本音だったりします。

プロゴルファーは荷物が多いとよく言われますが、特に私は多くなってしまいます。たとえば1週間の予定なら、服は暑さ寒さに対応できる準備に加え、気分もあるので2セットは必ず余分に入れておきます。プレーするのが5日なら、最低7セットですね。シューズは晴れ用と雨用の2足以上が基本。ｍｙ枕はかさばるので持っていきませんが、そこは手慣れたもので、合わない枕だったらタオルで巻いたり、服を詰めたりして調整します。寝間着はそのまま外に出ても大丈夫なスウェットで、夏もクーラーで冷えるのが嫌なので常に長袖長ズボン。体調を整えるのに乾燥は大敵なので、タオルを多めに持っていき、水で濡らして軽く絞って部屋に置いたりもしていました。

ホテルの備品は使わずに、すべていつも自分で使っているものを持っていきます。シャンプーや化粧品、ボディクリームはもちろんのこと、ｍｙドライヤーにｍｙアイロンも必須です。シャンプーなどを小分けにする人もいますが、私は大きいものをそのままドンです。詰め替えをしなくていいし、なくなりそうだから買いに行かなければ、といった心配をしたくない。使い慣れたお気に入りのものでないと気持ちも落ち着きません。

そして、チェックイン前に好きなドリンク、ゼリー、ヨーグルトやフルーツなどを買い込みます。お腹が空いて眠れずに長い夜を過ごすのは嫌ですし、起きて買いに行くのも億《おっ》劫《くう》なのです。私は結構、夜にすぐお腹が空いてしまうタイプなので、消化が良くて、軽くつめるものを事前に用意しておきます。いつも半分くらい残して持ち帰ったり、そのまま置いてきてしまったりするのですが、家の冷蔵庫のようになっていると安心します。

忘れてはいけないのが目覚まし時計。4つくらいないと落ち着かないので、カチカチ音のしない時計を2つは必ず持っていきます。加えてホテルの電話と携帯電話のアラームを起きたい時間にセットして、時計2つを5分おきくらいに鳴らします。たまに3つしかないと少し心配。2つになってしまったら、すごく不安になります。実は、それくらい心配性なのです。

これでようやく落ち着きましたが、どうしても部屋が合わないと思ったら引っ越しです。行ってみて窓が全く開かないとか、壁が薄くて周囲の音が気になるとか。私は特に音に敏感なタイプなのか、自動販売機やエレベーター前の部屋は気になるので事前にお願いしたり、チェックイン時に変えてもらったりしていました。それでもやはり気になってしまったことが何度かあり、寝間着のまま真夜中にフロントに駆け込んで部屋を変えてもらったこともありました。寝間着で行くなんて恥ずかしいのですが、寝不足が原因となって試合でミスをしてしまったら、それはもっと残念なことなので、思い立ったらすぐに行動です。そうしたことを自分の言い訳にしたくないので、最大限の準備はしていました。

しかし、あるとき、こんなことがありました。*不動裕理《ふどうゆうり》さんとたまたま同じホテルで隣の部屋だったのですが、夜中まで廊下の騒音が気になり、私はしばらく眠ることができませんでした。翌朝「うるさくなかった?」と聞いてみると、「音なんかしました~?」と不動さん。私はしばらく寝られないほど気になっていたので、本当に信じられませんでした。それどころか「私はいつもラッキーで、今まで隣の音がうるさいと感じたことが一度もないんです」なんて言いますから驚きです。もちろん普段の努力があってこそではありますが、彼女のそうした才能に、6年連続賞金女王の片鱗を見た気がしました。

＊不動裕理：（1976～）2000年から2005年の「6年連続」でJLPGAツアーの賞金女王を獲得。ツアー優勝50回を誇る日本女子ゴルフ界のレジェンド。

Episode

6

「医食同源」で怪我知らず

食の作法

アスリートにとって食事は一大イベントと言っても過言ではありません。私の場合、学生時代はすぐにお腹が空いたので、一日がっつり5食でした。朝は厚手のバタートーストとハムに目玉焼き。3時間目の後にパン1・5個くらいを食べ、昼食はお弁当。放課後の練習前に母が持ってきてくれるご飯を食べ、帰ってから夕食をしっかり、といった具合。

当時はかなりやせてはいましたが、なんでも好き嫌いなく、本当によく食べていました。

大学1年時はアスリート寮だったので、そこで栄養学を叩き込まれました。今から30年以上前ですが、4ヶ月おきに血液を採って足りない栄養素があると個々にサプリメントを調合してくれました。食事もきちんと管理されていて、皮を除いた鶏肉や、蒸し野菜、全麦のパン、アイスクリームの代わりにフローズンヨーグルトなどが出てくるのです。私は時間がいくらあっても足りなかったので、初めの1年間は試合以外はほぼ全食を寮で食べていました。そのおかげで何を食べたら身体に良いのかを学べたのだと思います。

そしてプロになりましたが、食事はほぼ全食外食です。女子プロゴルファーの生活は、基本はホテルとゴルフ場の往復ばかり。だから地方に行ったときは、せっかくなのでその土地の美味しいものを探したり、先輩から受け継がれた居心地のいいお店に通ったりするのが楽しみでした。それでも、アスリートとしては当然、食べるタイミングも含めてバランス良く食べることが必要不可欠です。私が気配っていたのは、外食は偏りがちなので、野菜類をまずたっぷりと食べること、良質なタンパク質を摂《と》ること、そして必ず汁物（温いもの）を摂ることです。さらに旬のものを多く食べるように心掛けていました。あとはお店によっては薬味（レモン、しょうが、にんにく、ごまなど）をかなり多めにもらい、血の巡りを良くすることも気を付けていました。

「医食同源」という言葉がありますが、医師だった父の口癖も「まずはしっかり食べなさい」でした。〝あなたはあなたが食べたものでできている〟と言っても、言い過ぎではありません。

今の選手たちは忙しく、あまり食事にこだわらず手軽に済ますことも多いと聞きますが、できれば食にもこだわってほしいと思います。初めはオプション的に摂っていたものがいつの間にか普通になってしまうことが怖いのです。

血の巡りを良くしたり、体温を上げたり、またアスリートとして柔軟性のある質の良い筋肉を作ることは、日々の食事の積み重ねがとても大切です。特に女性は体調を崩しやすく、心にも影響を及ぼすので、食生活で身体のメンテナンスをするくらいの心掛けがあるといいでしょう。私が41歳まで、ほぼ怪我なく現役を続けられたのも、食生活への意識が少なからず関係していたと思います。

Episode 7

勝負の神様は何を見ている？

まさかの「日本女子オープン」

万事休す。１００％負けを覚悟していました。

２００３年に千葉カントリークラブ（以降ＣＣ）野田コースで行われた「日本女子オープン」は、勝負に絶対はないということを実感した試合です。試合は＊李知姫《イ・チヒ》さんとのプレーオフになりました。１ホール目の18番は互いにパー、続くホールはこのコース名物の最難関、私が最も苦手とする16番ホールでした。知姫さんのセカンドショットは完璧で、ピン奥2・5メートル。しかし、私のセカンドショットはここに外すと90%以上はボギーという、一番行ってはいけないところにオーバーして、この時点で勝負ありという気持ちでした。私はやはりアプローチを寄せきれず、6メートルのパーパットも外しました。一方、知姫さんは3打目のファーストパットで、カップまで70センチに寄せています。これで終わったと思い、どのタイミングで知姫さんと握手して、何とお祝いの言葉を掛けようかと考えていたときに、知姫さんのウィニングパットになるはずの70センチのパーパットが、カップの縁に蹴られて勢いがつき、逆に4メートルも転がってしまったのです。もちろん、そのときは何が起こったのか、誰にも分かりませんでした。すぐ次の返しのパット。知姫さんは頭も心も整理がつかないまま打ったのでしょうか、かすりもせずあっけなく外れてしまいました。パッティングの名手で、この日も素晴らしいストロークをしていた彼女が、まさかの2・5メートルから4パットをしてしまったのです。

一方、私も頭の中が真っ白でした。50センチのボギーパットを沈めましたが、なぜ自分が勝ったのか理解できませんでした。

勝負の神様は本当にいるのでしょうか。野田コースの16番グリーンは*アンジュレーションが最も激しく、特に奥からはすごく速いのです。じつは私も1986年、17歳のとき、「日本女子アマ」3連覇が懸かった大会最終日にこの16番で3パットをし、1ストロークで負けた苦い経験がありました。そのときは前年に「全米女子アマ」を勝ち、年頭から気持ちが定まらず、フワついていた状態だったと思います。そんなことでは駄目だと、見えない力が警鐘を鳴らしてくれたのでしょう。

一方で、この優勝の前年は未勝利で、若手が台頭してきたことへの焦りもあり、「このままでは終わりたくない」、「今のままではもう勝てないな。何かしなければ」と覚悟を決めていました。そこで初めて思い切った肉体改造に取り組み、持ち球をドローから、しっかりグリーンに止まるフェードに変えるスイングチェンジをしました。最終戦が終わった次の日から、それらにすぐに取り掛かり、そうした地味な作業を繰り返していたのです。

「人事を尽くして天命を待つ」という諺《ことわざ》があります。きっと誰かがそんな姿を見てくれていたのかもしれません。

---

*李知姫：(1979〜)韓国出身の女子プロゴルファー。JLPGAツアーで優勝23回を誇り、生涯獲得賞金は不動裕理についで歴代2位。

*アンジュレーション：コース内のフェアウェイ、ラフ、グリーンなどの起伏のこと。

Episode 8

逆境を受け止める

コロナ禍と再スタート

２０１１年３月11日に東日本大震災が発生しました。人生にはいつ何が起きるか分かりません。だから日々、後悔なくやれることはやっておきたい。多くの人がそう感じられたと思います。私も挑戦したいことはどんどんやりたい。あの日の出来事は、私の心に強くその想いを刻みつけました。

震災は日本の広い範囲で、一瞬のうちに多くのものを奪っていきました。宮城県は私がプロデビューした思い出の地です。お世話になっていた方々、お店も多くあり、初心に帰れる思い入れの強い場所です。そこで何が起きたかは、改めて説明するまでもありません。また茨城県には、小さい頃から家族のように過ごさせて頂いた友人の家がありましたが、そこでも大きな被害に遭いました。

震災から約一年後、一人で塩釜にある知り合いのお店に伺いました。倒壊は免れていたものの、浸水被害を受けていました。それにもかかわらず、ご主人は「我々は良かった方です」と努めて明るく振る舞われていました。近所には家族や大切な人を亡くされた方もいます。その明るさが逆に心の奥にある辛い思いを投影しているかのように見え、胸が締め付けられる思いでした。

２０２０年に新型コロナウイルスのパンデミックが起き、今度は地球規模での緊急事態となりました。医療従事者をはじめ、多くの方々が大変な苦労をしています。選手たちも例外ではなく、試合の機会を失ったり、ゴルフ場が閉鎖されるなど、先が見えない不安や戸惑いにさらされました。

しかし、そのような状況下にあっても、ひたむきにやれることに向き合える人はやっぱり強いと思います。「今は根を育てる時期」と、逆境をチャンスに変えてしまえる人。受け身ではなく、「その時間に何をするか」、「いかに有意義に過ごすか」とすぐに気持ちを切り替えられる人。自分の力ではどうにもならない状況でも、できることを探し、それを遂行することが大切なのです。今までできていたことができないのは苦しいことですが、しっかりと続ければ、肉体的だけではなく精神的にも必ず大きな違いとなって現れてくることでしょう。

実は私は現役を終えたとき、母がそうであったように100%家庭に入るつもりでした。そんな私がもう一度働きたい、社会とつながりたいと思ったのは、東日本大震災の影響が大きかったのです。社会のために、微力ではあっても何かをしたいと考えるようになり、その中で、私自身がこれまでゴルフ、そして留学経験などから学んだことを、どこかで役に立てることができるのではないかと思い、行動することにしたのでした。その後、女性の力も今まで以上に必要とされるようになってきたと思います。２０２０年から続くコロナ禍を、東日本大震災に続いて、私にとって再び自分を見直すきっかけにしようと決めました。じっくり自分と向き合うための貴重な時間だととらえ、再スタートにします。

Chapter 2

本当の自分を活かす方法

Episode

9

緊張を楽しむ

手が震えても…

練習場では上手いのに、コースではまるっきり、という人は意外にたくさんいます。

一方で、練習はダメでも本番が上手くいく人もいます。どうもそれには、〝緊張〟との付き合い方が関係しているように思います。

練習ならば2発目、3発目があるけれど、コースでは一発勝負。完璧を求め過ぎて、迷ったり、考え過ぎたり……。そういう人に話を聞くと、多くは「緊張しちゃって」と言います。しかし私は、むしろ緊張しているときの方が、結果の良いことが多いのです。

もちろん、私も同じく緊張はします。優勝争いで朝食が喉を通らないこともありますし、吐き気を催したり、お腹が痛くなってトイレに何回も駆け込んだりすることがないわけではありません。ウィニングパットを打つときに手が震えて、ちゃんとボールに当たらないんじゃないかと感じたこともありますが、それでも実際は入るものです。まあ、テレビカメラで手元をアップにするのはやめて、とは思いますが……（笑）。

競技に出始めた頃、母に「昨日今日始めたゴルフじゃないのだから、いくら緊張しても身体が覚えているから大丈夫よ」と言われ、半信半疑ながらも、その言葉に安心した記憶があります。

私の場合、逆にリラックスし過ぎていると、指先まで神経が通わずに、左右どちらにも行ってしまいそうな不安があります。ですから、ティにボールを載せられないほどの過度の緊張は困りものですが、基本的に緊張自体はウェルカムです。

そもそも緊張は2種類あると思います。

一つ目は「OBしたらどうしよう」、「あのバンカーに入れたくない」など、意識が外向きの緊張。

もう一つは、ぐっと身体と心が一緒になって、エネルギーの集中を助ける内向きの緊張です。パフォーマンスに対して前者は足を引っ張りますが、後者はプラス作用をもたらします。もし外向きの緊張であれば、集中はおろか落ち着くこともできません。

ただ頭で分かっていても実際にコントロールするのは容易ではありませんよね。私の場合、過度な緊張でどうしようもないというときには、じっとしているよりも、動いている方が心も身体もほぐれるので、待っている間に少し身体を動かしたりしています。現役時代、そのような状況に陥ったときには、それこそ意識して、スパイクの中の指を順番に動かしていました。また、誰かとしゃべるのも良いのですが、私はしゃべり過ぎるといざというときに意識が外に向いてしまう傾向があるので、あまり夢中になり過ぎず、ほどよいところで収めるようにしていました。

話はゴルフから外れますが、最近は解説や講演をする機会が増えてきました。最初の頃は外向きの緊張が強く、「上手く伝わらなかったらどうしよう」と他人の評価ばかりが気になり、自分らしく話せませんでした。今もまだまだ勉強中の身ですが、経験を積んで少しは余裕が出てきたと思います。ただ、あまりにリラックスし過ぎると、話が脱線してとんでもない方向に行ってしまうので、ほどよい緊張感は持つようにしています。これもまた、緊張との付き合い方の一つだと思います。

Episode 10

逆算して考える

ゲームマネジメント

ゴルフにおけるマネジメントは「カップから逆算して考える」が基本です。

バーディパットはどこから打つのが一番か。どこにレイアップ*したら、ピンをデッドに狙っていけるか。そのためにはティショットをどこに置くのが最善か。持ち球や得意距離、ホールロケーションに応じて、バーディが欲しいホール、パーをセーブするホールといった戦略を決めることで、プレーに流れができてきます。

これは、ビジネスの世界で「バックキャスティング思考」と言われている考え方と似ていますね。「本来あるべき姿」や「将来なりたい姿」をまず定めて、そのためにどんなステップでそこにたどり着けるか計画し、そこから今、何をやるべきかを判断する。1シーズン、1試合、1ラウンド、1ホール。私にとってゴルフは常に逆算なのです。

たとえば、バーディ合戦のコースであれば、そのホールを想定して練習し、1番ホールからバーディを取れるよう気持ちもアグレッシブに作って臨みます。一方でメジャーのような難しいセッティングでは、忍耐がより必要です。いかにボギーを減らし、バーディをモノにできるか、コースマネジメントがさらに大切になります。ボギーを取り返そうと無理に攻めると、気持ちが高ぶり、次のホールでボギー以上につながってしまうことも多く、気持ちをリセットして割り切ることを、そして次のショットに全集中することを心掛けています。一瞬で試合に勝つことはできませんが、一瞬で負けることはできるのです。

私の場合、ラウンド中、ショットの合間はリラックスして、ゴルフのことはあまり考えないようにしています。ずっとゴルフのことを考えていると、構えたときに迷います。細かいあれこれがものすごく気になってしまう。試合なのに練習のようにチェックポイントが増えてしまうと、自分が打ちたい球のイメージ、そしてフィーリングまでなくなってしまうのです。技術的なことは練習場までにして、試合中のチェックポイントは一つか二つにする。練習ラウンドでも、技術面をやり過ぎると肝心なコースの攻め方が分からなくなってしまうので、芝に慣れたり、絶対行ってはいけないエリアのチェックや、グリーンの状態、バンカーの状態、必要なアプローチを確認したり——など、マネジメント中心の調整をしていました。

そして、最後は良い意味で開き直るのがいいと思っています。左右が狭いホールのティショットは、狙いどころだけをしっかり見て、腹筋に力を入れ、リズム良く振り抜きます。そして、たとえ上手くいかなかったとしても、コース上ではそれを受け入れ、ミスを許すことが大切です。許すことができないと、周囲が見えなくなり、後々のショットにも響き、スコアメイクに大きな影響を与えてしまうのです。

追い込まれたときこそリズムやテンポが大事なのですが、そのためにも最初にゲームマネジメントを逆算して行うことがとても重要になるのです。

＊レイアップ：狙った地点まで距離のある場合などに、リスクを避けて安全な地点に刻んで打つこと。

Episode 11

キャリアを積んでからの戦い方

遅咲きの賞金女王

30歳を前にして、私は一つの壁にぶつかっていました。

10歳からゴルフを始めて20年。思えば25歳くらいから、長いシーズンで少しずつ疲れが残るようになり、キャリアも右肩上がりとはいかなくなっていました。同年代のプロも減り、周囲の若い世代の勢いに飲み込まれそうな感じです。また、女性として将来、家族を持ちたいとの思いもあり、出産には適齢期もあることから、迷いが生じます。今のままで本当に良いのだろうか？　ネガティブな考えばかりが頭をよぎり、なかなか集中できない日々が続きました。

25歳くらいまではどんな状況でもすぐに眠れましたが、それを過ぎると徐々に寝付きが悪くなってきたように思います。結果として、身体が疲れ過ぎて眠りも浅くなり、練習をセーブする始末。セーブしたらしたで、もっと練習したいのに……と、悔しい気持ちに苛《さいな》まれてしまうという悪循環を繰り返していました。そうなる前は、クラブを振る感覚と身体がしっかりコントロールできていたと思います。しかし、肉体的な変化やそれに伴う疲労によって、感覚がなかなか合わなくなってしまったのです。以前ならばナイスショットでピンそば2メートルについていたバーディチャンスが、だんだん4メートル、5メートルと長くなる。「調子が良いのにこのズレは何？」という感じでした。

そんなときは、現状を認めて受け入れ、自分を見つめ直し、正直に向き合うしかありません。ないもの探しを始めずに、自分がやれることをひたすら突き詰めていく。足りないところはどうやって補えるか前向きに……と、「言うは易《やす》く、行うは難《かた》し」なのですが、必ず方法はあるのです。

年を取るのは必ずしも悪いことばかりではないのです。たとえば年齢を重ねることで、若さゆえの自意識過剰が取り払われ、以前はなかった人とのつながりが生まれたり、聞けなかったことが聞けるようになったりします。また、人として成熟することで、感情の浮き沈みもコントロールできたりとか……。

実は長年積み重ねてきた一個一個のパーツは、そんなに悪いわけではありません。たしかに若い頃の方が飛んでいたかもしれませんが、まだ戦えない距離ではない。ですから、今持っている駒で最大限にパワーが出る方法を考えるのです。それはパズルを組むような作業です。自分自身をより分析したり、コースマネジメントなどを冷静に考えたりします。また、必要であれば考えの合うコーチに伴走してもらったり、クラブやトレーニングを見直してもらったり、持っているものをさらに大きくできる〝何か〟を外から手に入れることも可能です。強みを活かした新しい自分で勝負します。

２０２１年５月、*フィル・ミケルソンさんが、50歳という史上最年長でメジャー優勝を果たしました。年齢を重ねても枯れることのない、ミケルソンさんのゴルフへのあくなき探求心が導いた勝利だと言えます。50歳という年齢と向き合い、様々なトライアンドエラーを繰り返し、それを見事に活かしたカッコいい姿でありました。

経験を積むことは、「キャリア」を積むことに近いかもしれません。現在も突然のコロナ禍でテレワークが進み、zoom《ズーム》のようなオンラインでのミーティングへの対応を余儀なくされたりしていますが、目線を変えれば、新しい働き方としての経験を積み上げているとも言えます。私の場合は、身体の変化と、クラブの過渡期（*パーシモンからメタル、チタン等）などが重なり、自分一人では追いつけない環境に追い込まれたことで、より自分自身と向き合うことができました。自分で考え、行動して、30歳でつかんだ賞金女王はそんな挑戦の結果だったのかもしれません。

＊フィル・ミケルソン：（１９７０〜）米国のプロゴルファー。左打ち。１９９０年に全米アマチュアゴルフ選手権で優勝。プロ転向後はマスターズを3度制覇、生涯獲得賞金ランキング歴代2位。２０２１年、史上最年長（50歳）でメジャー優勝を果たす。ＵＳＰＧＡツアー通算45勝（歴代9位）。

＊パーシモン：柿の木（パーシモン）をヘッド素材にしたウッド系クラブのこと。メタル、チタンと進化して、現在はカーボンと金属を組み合わせたものなど、多種多様なヘッドが開発されている。

Episode 12

個性的なスイングでいい

自分に合ったスイングを

ゴルフを始めた当初から、自分のスイングはあまり好きではありませんでした。

*アップライトで*ノーコック……特徴的でかなり個性的なスイングです。一時は日本で最も美しいスイングと言われた*中《なか》部《べ》銀次郎さんに憧れて、フラットでオンプレーンなスイン

グに変えようとしましたが、一瞬は良い球が出ても長続きしません。私の長い手が余ってしまい、感覚とタイミングが合わないのです。人によって体形や筋肉の強さも違うので、その人の持っている癖や振りやすさが、それぞれのベストスイングにつながっていくと私は考えています。

私がゴルフを始めた頃、シャフトは100グラム以上あるスチールで、ヘッドもパーシモンと、その大きさも今のものに比べて半分以下と小さく、その狭いスイートスポットに確実に当てる必要がありました。今のように大型でスイートスポットの大きいクラブで始めていたら、もう少しは綺麗なスイングだったかもしれませんが……(笑)。ゴルフは綺麗に振ったり、どれだけ飛ばしたりするかは問題ではなく、いかにスコアが少ないかを競うスポーツなので、もちろん中部さんのような美しいスイングへの憧れはありましたが、真似をして失敗してからは、格好はあまり気にならなくなりました。そしてこの経験から私は、練習をたくさんしないとできないことは、自分に合っていないのだと判断するようにしました。やはりここ一番の大切なときに、無理に直したスイングは、そうした〝無理〟

が出てしまうのです。

さらに私は、あるとき気が付いたのです。個性的なスイングの選手は、あまり怪我をしていないということに。人によって身体の柔軟性や関節の曲がり方は違いますが、それを無理に矯正していないからでしょう。日本人で初めてメジャー優勝した大レジェンド、*樋口久子さんや*横峯さくらさんなどがそうです。

ただ、注意しなくてはいけないのは、その人の癖や特徴はアドバンテージになる一方で、許容範囲を超えると、信じられないミスやスランプを引き起こすこともあるということです。癖は放っておくと、徐々にその傾向が強くなるので、それをしっかり理解し、今ある自分の状態を把握するのがとても大切だと思います。

私の特徴は背が高いことと手足が長いことですが、その上で私がゴルフスイングで一番大切にしているのは、左膝と下半身の状態です。インパクトで良い球を打とうとすると、どうしても無意識に左膝が伸び上がってしまう。しかも背が高いので、土台がずれてしまうと、ショットへの影響が大きいので、やはり足は杭のようにぐっと踏ん張っていることを常に意識しています。

それから、何事も柔軟に元に戻せる自分を持っていることも重要です。私は人のアドバイスを積極的に〝聞きたい〟タイプで、元に戻すことに躊躇がなく、試合直前にコーチに何を言われても全く気になりませんでした。試してダメだったら、良い意味ですぐに手放すことができるというのは、ある種の強みだと思います。

今はクラブ、ボール、そしてレッスン器具などの進化もあり、昔ほど個性的なスイングの人はあまり見かけませんが、100人いたら100通りのスイングがあっていい。もし子供たちにゴルフを教える機会があるならば、グリップとアドレスの基本を教えて、あとは形にこだわらず、子供たちの体格や筋力に合わせて気持ち良く振ってもらいたいですね。そして、ゴルフ以外にもいろんなスポーツを経験して、身体のバランスやリズムなどの感性を養うのがいいと思います。

＊アップライト：「縦振り」のこと。クラブヘッドが描く軌道が、地面に対して垂直に近くなるスイング。

＊ノーコック：テークバックで手首を固定してスイングすること。

＊中部銀次郎：（１９４２～２００１）大学2年時に「日本アマ」を当時史上最年少で初優勝。同大会通算6勝は史上最多。生涯アマチュアを貫き、「プロより強いアマチュア」と呼ばれた。

＊樋口久子：（１９４５～）日本女子プロゴルフ協会元会長（現・相談役）。日本人初のＵＳＬＰＧＡメジャー選手権優勝者。優勝回数72回は日本歴代女子最多。日本人初の世界ゴルフ殿堂入りを果たす。

＊横峯さくら：（１９８５～）父に習い8歳からゴルフを始め、２００４年からプロに。翌年初優勝、09年には賞金女王に輝く。優勝回数23回。

Episode

13

地味を地道に（コンプレックスをバネに）

〝月1ラウンド〟でプロに

周りからそんなふうには全く見えないと言われますが、私は自分の「体力がない」ことに、アスリートとしてコンプレックスを感じていました。これは、子供の頃に身体が弱かったことが影響しているのかもしれませんが、一日中練習しなければならない部活には、全くついていけなかったのです。そしてそんな自分をもどかしく感じていました。しかし、ゴルフは自分のペースで練習ができるスポーツ。思えば私に向いていました。

もちろん、「体力コンプレックス」を抱えながら、ゴルフに向き合うことの難しさを感じなかったと言えば嘘になります。やるからには上手くなりたいという気持ちが人一倍ありました。ただその気持ちと同じ熱量でハードな練習、トレーニングをできない現実があった。それこそ、周りが思い切りハードな練習、トレーニングをしている姿を見ると本当に羨ましく、自分の努力が足りないように感じられ、情けなさでいっぱいでした。

とはいえ、今更ないものを求めても仕方がありません。そこで、「上手くなりたい」や「試合に勝ちたい」という気持ちのベクトルを、「ハードな練習、トレーニングをすること」ではなく、「効果的な練習方法に変えること」に向けることにしました。普段から体幹、下半身トレーニングは最低限していましたが、それらに加えて、バランストレーニングや可動域を広げるトレーニングを重点的にやり、特にインパクトゾーンに集中した練習をひたすら繰り返すことにしたのです。

具体的には「30ヤードのアプローチ」を基本とした練習をとにかくひたすら繰り返しま

した。大きいスイングの練習と比べると、地味な練習の積み重ね。しかし、体力に影響されやすい大きいスイングの練習に比べて、体力の影響が少ないこのような練習は「体力コンプレックス」のあった私に向いていました。その人だけのベストスイングがあるように、その人に合った練習方法というものもあるのでしょう。

ただ、この「30ヤードのアプローチ」の練習はゴルフのスコアメイクにおいて、万人に重要な練習であると思っています。というのも、このインパクトゾーンに集中した練習は、ゴルフの基礎が詰まった練習でもあるからです。体幹を維持し、常に安定したリズムで打てないと、フルショットはごまかせても、中途半端な距離の30ヤードではごまかしが利きません。しっかりクラブの面と身体を同調させて、ボールが手に乗っかっているような感覚がつかめるまで、地道に根気強く続ける。時には右手だけ、時には左手だけと片手で打つことも効果的だと思います。片手だと不安定なので、より身体でボールを打たないとミスにつながるからです。もちろん、大きいスイングの練習も必要ですが、長い距離はこの基本の「30ヤードのアプローチ」の延長だと思うので、基本がしっかりできていれば、長いショットも良くなると思います。そしてスコアメイクに重要なショートゲームは、たとえグリーンを外したとしても、ピンチがチャンスになったりすることもあります。ですから、私はこの練習をとても大事にしていました。ちなみに私は大学を卒業するまで（試合や長期の休みは除きますが）、コースでのラウンドは月1回程度でした。たぶんプロの中では、ラウンド数は極端に少ない方だと思います。それでもやってこられたのは、この「30ヤードのアプローチ」をひたすら繰り返したおかげだと思います。

現役時代、カメラマンさんが「インパクトゾーンがいつも同じところに下りてきて綺麗だね」と褒《ほ》めてくださることも多く、個性的なスイングではありましたが、この「30ヤードのアプローチ」の練習が生きているのだと私の自信になりました。ちなみに「体力コンプレックス」は今でもありますし、まあ、体力に限らず、他にもいろんなコンプレックスがあることは、この場で明かしておきます（笑）。

話を戻しますが、誰にでも「○○コンプレックス」というのはあると思います。しかし、それこそ「物は考えよう」でしょう。コンプレックスに感じるということは、逆にどんな自分であるかを知っているということ。自分のコンプレックスが分かっていれば、それを強みに変えるチャンスがあるとも言えます。私の場合、体力以外では、子供の頃は手が長いことがコンプレックスでした。というのも、不調のときはこの長い手がスイング中に邪魔になってしまい、タイミングがなかなか合わずに苦労したからです。でも、この長い手があったからこそ、スイングアークが大きく、高いボールが打てました。

このように、コンプレックスをマイナスととらえず、良い方向に活かしていくことは、自分の心の持ちようです。ないものを嘆くよりも、今ある自分を受け止め、強みを活かしていく。「好転力」はこのような心の持ちようからも湧き出てくるのだと思います。

Episode 14

仕事と家庭（女子アスリートと結婚）

花の咲くタイミング

女子アスリートのキャリアにとって結婚、そして出産というのは、とても大きな人生の転換点です。私が結婚したのは40歳のときでした。

プロゴルファーは拘束時間が長く、休みが世間とは違うため、〝出会い〟の機会が少ないのです。週の後半は試合で、休みは月曜日だけ。私の場合21時過ぎにはほとんど寝てしまっていたので、もし誰かに「一緒にお食事を」と誘われても、「16時とか17時ならば」となってしまうわけで……（笑）。

国内にいてもそのような〝時差〟がある生活ですから、焦る部分もありましたが、現役時代は自然に任せて、結婚のことはあえて考えないようにしていました。視野だけは広く持つようにしていましたが、そうやって〝出会い〟を少し引いた場所から、広い目で見るようにしていたのがかえって良かったのかなと思います。

私が夫と結婚したのは、人としてリスペクトできたこと。そして、私と違った考え方を持っていたので、一緒にいたら面白いなあと思ったからです。たとえば北海道に行くとしたら、私はいち早く飛行機で行き、向こうでゆっくりしたいタイプ。しかし夫は電車を選びたい人で、しかも列車の種類までこだわります。「東北に入ると屋根瓦がだんだん変わってくるんだよ。そういう日本の風土を感じながら行きたいんだ。そんなに焦って君は何が楽しいの？」と、全く嗜好《しこう》が違います。出会った初めの頃は、その違いに驚きましたが、話を聞いていると自分の世界観まで広がるように感じました。

それから、現役時代は何もしゃべらなくても分かり合えるような、同じ考えの人が周囲に多かったのですが、夫から別世界の話を聞いたり、ゴルフについても違う視点で話せたりしたことが新鮮だったのかもしれません。

結婚して変わったことと言えば、そんなに格好つけずに素でいられるようになったことでしょうか。自由になった感じがします。そして、どんなに不甲斐ないことがあっても、リセットできる場所ができました。また、世の中には無限の考え方があるので、自分と違う意見を聞くことで物事をより幅広く受け止められるようにもなり、この点でもとても感謝しています。

それまでの私はゴルフ一筋でした。一人の人間として世の中を知らないとの思いがあり、一度ゴルフから離れる必要があると感じていました。結婚後、実際にプロゴルファーという肩書を捨て、自分がプロゴルファーだったことを知らない方々との交流を増やすことで、視野も広がりました。その後、東日本大震災がきっかけでゴルフ界に戻るわけですが（48ページ参照）、そうした期間は私にとってとても有意義なものになりました。

2013年に子供が生まれ、3歳くらいまでは仕事と育児の両立についての葛藤もありました。ただ、今は世間の風潮も助けとなって、みんなに育てられたり、働く姿を見せたりすることもありなのかなと思っています。とはいえ、まだ育て上げられていないので、試行錯誤の只中ではありますが……（笑）。

日本で男女雇用機会均等法が施行されたのは1986年ですが、まだまだ他の先進国に比べて、男女が同じように働けているとは言えない状況です。女性が生き生きと働ける職場が魅力的なことは間違いありません。現役を引退してからの道を後輩たちに多少なりとも示せるよう、一生懸命自分の色で仕事と家庭を両立できればと日々奮闘しています。

Episode 15

「点」はやがて「線」になる

時の流れに身を任せて

自分の意志とは違う大きな力、つまり「偶然」ではなく「必然」が、私にゴルフを選ばせたのかもしれません。

私にとって「必然」という言葉はとても深い意味を持っています。世の中には「こんなはずじゃなかった」や「なんで私がこんなことを？」ということが多いですが、思い描いた人生を歩んでいる人は、果たしてどれだけいるのでしょうか。

私が「必然」を強く意識したのは、これまでに2回あります。最初はプロになったとき。そもそも、私にはプロゴルファーになる気などなく、留学先のアメリカの大学を卒業後は、日本で就職して結婚し、母のように家庭に入るのだろう、と考えていました。

ところが、私が帰国する年から日本でのプロテストが、年1回に減ることになったのです。それを知った母が私に内緒で申し込み、6月末にアメリカから帰国すると、8月半ばのプロテストを受けることになったのでした。そしてプレッシャーもなく受けたプロテストは、まさかのトップ合格。当の本人は就職活動をしなければと焦っていたのに、1位になるとすぐ試合に出られるのです。アマチュア時代の成績が注目され、私の知らないところでスポンサーとの契約話も、どんどん進んでいきました。

そこからは、気が付けばゴルフ漬けの毎日。あっという間にツアー生活は18年が経ち、あの身体の弱かった私が長年プロ生活を続けるなんて、子供の頃には全く想像もしていなかった人生です。

その後結婚し、しばらくゴルフからは離れていました。しかし、また選手とは異なる形でゴルフ界の仕事に関わることになり、「必然」を感じることに。これが2番目の「必然」です。夫は私の良き理解者で、今の仕事も応援してくれています。何をやっても、何を言っても、変わらず私を受け入れてくれることで、私自身、心のバランスが取れているのだと思います。こんな今の自分もまた、思いもよらなかった自分です。

選択肢が多過ぎる今の時代、目標や夢を見いだせないこともあるかもしれません。しかし、時には流れに身を任せるのも良いのではないでしょうか。後になって振り返ると、すべての出来事が自分にとって必要なことだったのだと腑に落ちます。一つひとつの偶然に思われた「点」と「点」が結びつき、人生の意味ある「線」を紡いでいると思うのです。

Episode 16

無我夢中でできているか？

夢のような全米女子アマ

2019年の「全英女子オープン」は日本女子ゴルフ界の大きな転換点でした。渋野日向子《ひなこ》さんが日本人として42年ぶりの海外メジャー制覇を果たしたのです。その大会は彼女にとって初めての海外試合、そして初めてのメジャー大会でした。プロとアマでは全然レベルが違うため、彼女と同列に並べて語るのは大変失礼な話ですが、私が「全米女子アマ」に勝ったのは高校2年生（1985年）で、そのときがやはり初出場でした。

その年は、6月の「日本女子アマ」で2連覇して勢いもありました。渡米したのは8月のこと。前年は日本人3選手で「全米ガールズジュニア」に出場しましたが、そのときは私だけの一人旅。名古屋空港から成田空港、そこからアメリカ・ピッツバーグ国際空港まで飛んで、現地ではホームステイです。初戦となった「全米ガールズジュニア」は前年準優勝した大会で、照準を合わせていたつもりが、*マッチプレー2回戦であえなく敗退してしまいました。

翌週の「全米女子アマ」は同じペンシルベニア州での開催でしたが、2週続く海外遠征も単独行動も初めてのこと。次のホームステイ先まで、車で約2時間かけて送ってもらいながら、2回戦で負けた惨《みじ》めさと、何もできずにこのまま日本に戻ってしまうのだろうかという不安に押しつぶされそうでした。

「全米女子アマ」は18ホールの*ストロークプレーを2日、そしてそれを通過した64選手がマッチプレーに進出します。マッチプレーは日本では一度も経験したことがありませんでした。勝ち上がると一日2試合プレーすることもあり、とても暑く、日程もハードだったので、スタート時間を間違えないようにと、無我夢中でやっていました。

滞在先のホストファミリーは、私と同世代の3姉妹がいる裕福な家庭。家ではたどたどしい英語でガールズトークをしながら、夕食後はみんなで少しずつ『風と共に去りぬ』の映画を観て過ごしました。誰もゴルフをしない家庭だったので、ゴルフの話題は全く出ません。だから彼女たちに決勝に残ったことを話すと、「じゃあ、明日は日本の国旗のように赤いマニキュアを塗っていこうよ！」なんて言われたことも。実際には塗りませんでしたが、本当に良い意味で試合のことを考えず、リフレッシュさせてもらいました。

決勝戦は一日36ホール。相手はオハイオ州立大学の選手です。フェアな素晴らしいマッチでした。「あなたもやるね、私も負けないわよ」と、お互いを高め合うような戦いでした。後半に進むにつれて、私は相手のことも応援していて、「いつまでもこのままずっとプレーをしていたい」という不思議な感覚が私の中に生まれました。

優勝が決まった瞬間、気持ちのいい疲労感に包まれましたが、タイトルの重みも分からず、優勝したという実感もなく、それよりも英語のスピーチをしないといけないというプレッシャーでいっぱいでした。

前の週のあっけない敗戦からの全米女子アマでの優勝、それはそれは、本当に夢のような2週間だったのです。

＊マッチプレー：各ホールごとにその打数で勝負を決めていく方式。

＊ストロークプレー：決められたホール数の総打数によって順位を決定し、最も打数の少ない者を優勝者とする方式。

Chapter 3

あえて自分に負荷をかける

Episode

17

自分の仕事は好きですか？

極める

ゴルフにパーフェクトなことなどありません。

ミスショットがカップに直接入ったり、突風が吹いてナイスショットがバンカーで目玉（砂にボールが埋まっている状態）になったりと、予想を覆す結果がつきものです。自然が相手なので、風や地面の硬さや傾斜、芝の種類に応じた打ち方が幾通りも存在します。だからこそ、前進できる伸びしろが無限にあり、地道に自分の技術を極めていけば一つひとつ克服できる。私はそう思っていましたし、それが自分に合っていたのだと思います。何度転んでもまた立ち上がり、終わりのない挑戦でした。そうした、ゴールの見えない挑戦こそが、ゴルフの魅力でもあるのです。

それは、高い山を登るのに似ているかもしれません。大きな目標を設定したら、状況に応じて自分に何ができるか一つずつアプローチします。身近なところでは、スケジュールを立てるのも一つのステップです。ゴルフの場合は体調、クラブセッティング、トレーニング、メンタル等、様々な要素を把握して全体を管理します。そこから何が問題か、何が必要なのかを判断し、機能しない何かがあれば、固執せず柔軟に変えていきます。このプロセスを繰り返し、良いときも悪いときも、普段と変わらず一歩ずつ登っていける人がやはり強いのです。

ジュニアからやっている女子プロゴルファーの場合、ひょっとしたら30歳というのは一つの節目となる年齢かもしれません。周囲が見えてきて、達成感も出てきてしまう時期のように思えます。私にもそういう時期がありました(60ページ参照)。そんなときこそ、自分のやっていることを好きでいないと、1年、1週間、1日がものすごく長くつまらないものに感じられてしまいます。

「行きたくない」、「やりたくない」と思った瞬間に、あっという間に成績も落ちていきます。人間はどうしても楽な方に流されるので、トレーニングの質や日々の行動も変わってしまいがち。だから「いかにゴルフに対し、新鮮な気持ちでいられるか？　ハングリーでいられるか？　そして好きでいられるか？」は、20代後半からの最大のテーマでした。「好きだ」という自分を作り上げることに、とても力を入れていました。

最近は「ライフワーク」と「ライスワーク」などと言って、「好きでする仕事」と、「お金（生活）のために割り切ってする仕事」を区分けしたりしますが、たとえ「ライスワーク」だとしても、自分の仕事を多少なりとも好きでいられたら、終業時間までを多少は長く感じたりせず、毎日会社に行くのもそれほど辛くはないのかもしれません。こればかりは、誰かが好きにさせてくれるようなものではないので、自分で好きになるという努力をしていくことが大切だと思うのです。

以前読んだ本*の中に、こんな話がありました。ある人が神父さんに「私の家庭には愛がないのです」と打ち明けたときのこと。するとその神父さんは答えました。「愛がないなら愛しなさい。愛は動詞なのですよ」。好きになるというのも一つの行動かもしれません。

＊『7つの習慣』（スティーブン・R・コヴィー、ジェームス・スキナー著、川西茂訳／キングベアー出版）会社・家庭・人間関係など、激しい変化の時代にあって充実した、人間らしい生活を営む道を示したベストセラー。

Episode 18

プロフェッショナルとは？

落合博満さんの言葉

「プロフェッショナルとは？」と聞かれたら何と答えますか？

私は「最大限の準備をすること」と答えます。

「天は自ら助くる者を助く」と言いますが、それしかやりようがありません。前述したように、防げるミスはなるべく事前にその芽を摘んでおく。コントロールできないミスは仕方がないと割り切って、前を向く。食事やトレーニングも重要ですし、泊まるホテルの環境作りなどもパフォーマンスに影響を与えます。それら一つひとつのことも手を抜かず、できる限り整える。勝負は試合をやる前から始まっています。徹底した準備があってこそ、本番で力を発揮することが可能になるのです。「好転力」はそうした状況からしか生まれません。

私はプロ入りしてから約２年間、勝つことができませんでした。当時はアマチュア時代の実績から、プロになると、すぐに勝つだろうという周囲の期待がありました。しかし、それとは裏腹になかなか勝てなかったのです。今思えば、それはプロとしての自覚が足りなかったからでした。

当時（１９９０年代前半）も毎週試合が行われていました。携帯電話はもちろん、カーナビやグーグルマップもない時代です。電話でホテルを予約して、紙の地図を見ながら自分で運転して試合会場へ行きました。プロアマや前夜祭といったイベントも数多く、コースメモも自分で作ります。年間40試合ほどあったので、このような試合前の仕事をこなすだけでも精一杯です。どこかで勝てる試合が来るだろう、という根拠のない自信と勢いだけはありました。しかし、現実はそんなに甘くありません。最終日に逆転負けを喫したり、競った相手の気迫に負けてパッティングを肝心なところでミスしたり……。本気のプロたちとは、試合へ向かう姿勢や集中力が全く違っていたのです。

そのことに気付かせてくれたのは、3度の三冠王を獲得したプロ野球の落合博満さんでした。フル参戦2年目のあるオフの日、知人が、負け続けの私を見かねて、落合さんと一緒にゴルフをさせて頂く機会を作ってくれたのです。落合さんはあまり多くを語られませんが、その立ち居振る舞いと眼差しは、今まで感じたことのない、すべてを悟っているかのようなオーラを放っていました。しかし、せっかくの好機なのにその存在感に圧倒され、勝負の神髄について何も聞くことができませんでした。そんな私の心を見抜いていたのでしょうか、ラウンド後に「君の目を見れば分かるよ。それじゃあ、勝てないな」とふいに言われ、

「自分が一番苦手なことを続けなさい。そうすればきっと勝てるようになる」

とのアドバイスを頂いたのです。

このときのひと言は一生忘れられません。とにかくはっきりと自分の甘さを指摘され、ハッとして我に返りました。アマチュアは試合が終わって次の試合までに立て直す時間がありますす。しかしプロは毎週連戦。プロになってからの私は、「今日はアンラッキーが多かったから勝てなかった」とか、言い訳ばかりを並べていたのです。

その落合さんの言葉のおかげでようやく私にプロの自覚が芽生えました。超一流に触れたことで、自分の仕事、つまりはゴルフに対する覚悟の無さを思い知ったのです。

それからは、試合のない休みの日は毎朝、早起きし、ランニングを始めました。苦手なことと言われて、真っ先に思い浮かんだのがランニングだったのです。30分のランニングは、当時の私には単調で苦しいけれど、走っていると「今日は腰が張っている」、「肩回りが詰まっている」など、そのときの自分の身体を知る発見がありました。しかし、それ以上に大きな変化があったのは心です。ランニングで頭が冴《さ》えると、スケジュールを自己管理し、毎日の課題をリズム良くこなしていく達成感が得られます。苦手なことから目を背けずやり抜いたことで、小さな自信が積み重なっていったのです。今まではどこか受け身で他力本願、プロとして勝つための気迫も準備も全く足りていませんでした。待ち望んでいた初優勝は、それからわずか3週間後のことでした。

Episode 19

「負け方」を変える

感性を研ぎ澄ます

プロ初優勝した試合のことは今でもよく覚えています。最終日の最終ホール、私は肝心なところで3パットし、プレーオフにしてしまいました。「いつもの流れかな」と正直あまり勝てる気はしませんでした。プレーオフに行く前に、気弱になっていた私を見かねて、プライベートでも仲の良い選手が「あなたの課題は一生パッティングね！　でもこれからあなたの練習にとことん付き合うから、とりあえず行ってらっしゃい！」と、愛のムチで背中を押して送り出してくれたのです。そして、彼女は予約した飛行機をキャンセルして、最後まで待っていてくれました。

雨の中でのプレーオフでした。1ホール目、私は5〜6メートルのバーディパットが入らずパー。相手は寄らず、入らずのボギーでした。あまりにもあっけなく終わったので、優勝したことが信じられず、しばらくは放心状態でした。

落合博満さんに「一番苦手なことを続けなさい」と言われてから（95ページ参照）、わずか3週間ほどのことだったので、勝ってからその言葉がより一層心に響いてきました。ようやく私もほんの少しプロとしての自覚を持ち自分自身を振り返ることができるようになっていたのです。

それからは負け方も変わりました。

以前は「運がなかった」で済ませていたことについて、足りなかった課題が明確に見えるようになりました。「これが我慢というものか」という言い訳がましい受け止め方から、「ここを修正したい」と建設的に考えるように変わったのです。同じ失敗でも中途半端にやっていたらショックだけで終わりますが、真剣に向き合えば実りになります。

ゴルフは相手が人であり、自然でもあります。たとえ良いショットを打ったとしても、いつも良いライなんてことはあり得ません。だからそれ以降は、あえてディボット（ショットの際に削れてしまった芝）や土の上、芝の薄いところなどの悪条件の場所から打つなど、イレギュラーな条件を想定した練習方法を積極的に取り入れるようにしました。すると試合で似たような状況に陥っても、打ち方のイメージがすんなり湧くので、平常心でいられるようになったのです。

初優勝した年に3勝、翌年には日本女子ゴルフ界最高峰の「日本女子オープン」で優勝することができました。自分としっかり向き合い、そうした練習方法の工夫などをして最善を尽くせば、たとえ負けたとしても、学びは濃いものになる。その習慣が定着すると、さらに感性が研ぎ澄まされて、わずかな違いも感じ取れる。そんな好循環が生まれたのです。

それからというもの、最終組あたりの好位置のときは、朝起きるとだいたいその日のスコアが分かるようになっていました。試合後の練習やストレッチ、食事や睡眠、身体のケアといったやるべきルーティンができていると、目覚めたときに自身のコンディションをすぐに把握できます。「よし、今日は勝てる！」。そんな最高の朝を迎えるために、とことん自分と向き合うのです。

Episode 20

人生を濃く生きたい

日本人の少ない土地へ

一度きりの人生、せっかくなら濃く生きたい。
そんな思いを強くした4年間が私にはありました。
私は愛知県の日進町（現・日進市）という田舎町で育ちました。大自然と戯れ、家と学校とゴルフ場が私のほぼすべてでした。
そんな反動なのでしょう。ゴルフでナショナルチームに選出されて、海外遠征で行った香港やベネズエラ、そしてヨーロッパなどは、キラキラ光る別世界のように見えてとても刺激的でした。高校1年生の夏休みの試合では、米国ワシントン州シアトルで初めてのホームステイも体験しています。アメリカ人はとてもフレンドリーだし、なんて広くて自由なのだろうと、海外で生活したい気持ちが芽生えました。ゴルフの成績が良いと海外遠征にも数多く参加できます。この動機が加わったことで、それからさらに練習のモチベーションが上がったことは言うまでもありません。

高校2年生で「全米女子アマ」に優勝すると、いくつかの大学からフルスカラシップ（授業料や生活費を負担してもらえる奨学生）の誘いを頂き、アメリカに留学するチャンスを得ました。父は「4年間で帰ってくること」という条件付きで、留学を認めてくれました。

貴重な4年間です。自分を薄めたくない、濃く生きたい。自分の力を試してみたいという気持ちを抱いていました。そして、周りの目を気にして失敗を怖がったり、ためらったりするのはやめようと考えていました。英語があまりしゃべれなかった私は、日本人がいるとどうしても頼ってしまうし、そこで遠慮をしながらというのも性に合わない。だからこそ、できるだけ日本人がいない場所を選ぼうと考えました。結果として、当時、日本人の多かった西海岸については、憧れだったスタンフォード大学以外は選択肢から除外し、オハイオ州立大学、テキサス大学を加えた3校に絞り、見学に行くことにしたのです。

そのとき初めて、スタンフォード大学は入学前に1年間は英語の基礎を作らないといけないという条件を知り、父との約束が果たせない、勉強が厳しくて卒業できないかもしれないと思い、諦めました。憧れのジャック・ニクラスさんが卒業されたオハイオ州立大学は、実際に行ってみると冬の間は雪が積もって3~4ヶ月はゴルフができないことが分かりました。

最後に残ったテキサス大学は、トム・カイトさん（166ページ参照）とのご縁によるもの。当時、ナショナルチームでお世話になっていた川田太三さんに進学について相談したところ、日本ツアーに参戦するため来日していたトム・カイトさんとお食事をする機会を作って頂けたのです。その場で、テキサス大学出身のカイトさんから、同大学の魅力について直接お伺いすることができました。カイトさんから聞いたカリキュラムの素晴らしさと温かい雰囲気は、実際に行ってみると本当にその通りで心惹《ひ》かれました。また、キャンパスのあるオースティンという街は、日本人が少なく、一年中ゴルフができ、まさに私が望んでいた環境。迷うことなく、私はテキサス大学への進学を決意したのでした。

その後の4年間で日本に戻ったのは、日米学生対抗と日本女子アマ、それに2年生の冬の2週間だけ。ゴルフと勉強に打ち込みながら、なんとかやりくりする日々でした。恥ずかしいなんて臆していたら、とても大学生活にはついていけません。自分の不甲斐なさに、誰も居ない大学のトイレでひとり涙することは度々ありましたが、それでスッキリするとすぐ前を向いていました。同じ時間を生きるなら濃く生きたい。その想いは、今も変わることがありません。このときアメリカ代表となった日米学生対抗試合のパートナーはフィル・ミケルソンさん。彼と組んで優勝できたのは、今となっては光栄な思い出です。

Episode 21

時間は有限

時短のスキル

私はときどき周囲から「時間に対する感覚が違う」と指摘されます。

生まれ持った気質なのか、すぐに「もっと効率的に……」とか「空いた時間を利用して……」と言い出すので、はた目にはせわしなく映るのでしょう。振り返れば「時間の有効活用」という生活スキルは、昔から私とは切っても切れない関係にありました。

まず、私は1日7時間寝ないと気持ちよく動けませんでした。1日だけなら睡眠時間が短くても大丈夫ですが、2日続くと途端に何もできなくなってしまうのです。1日のうち7時間を睡眠に充てるとしたら、その時点で残り17時間。そこが常に私のスタートラインです。

高校時代は学校が厳しく、ゴルフの試合で休めたのは「世界アマ」、「日本アマ」、「中部アマ」の3試合と、秋に自宅から通えるプロの試合の「東海クラシック」の年4回程度でした。しかも、勉強の成績が悪ければ出場させてもらえません。ですので、授業になんとか追いつかなければなりませんでしたし、友達とのコミュニケーションも大事でした。生活、勉強、ゴルフと、私一人の力だけではそのすべてを回しきることができません。友達の協力もあり、勉強の分からないところは、休み時間に教えてもらえたことで、時間を有効的に使うことができ、ゴルフと勉強を共に乗り切ることができました。

また、これは職業病だと思うのですが、ご飯を食べるのも速いです。プロになると各試合の前日に、約1時間の前夜祭があります。選手たちは挨拶の時間を抜いた実質40分で、ゲストにサインをして、一緒に写真を撮って、その合間に立ったまま食事をしなければなりません。試合をするのは地方のことが多いので、イベントの後、外に食べに行くのはひと苦労。昔はコンビニの食事にフレッシュなものがあまりなく、会場で限られた時間内に食べるしかなかったことから、早く食べる習慣がついてしまったのだと思います。

また、母となった今は現役時代とは違う質の忙しさがあります。世のお母さん方も一緒だと思いますが、時間はいくらあっても足りません。動線を短くしないと1日30時間くらい必要になってしまいます。スーパーにいる時間も短くて、買い物をしている最中に、どのレジの進みがいいかと観察し、つい効率を考えてしまいます。とにかく、なんでも早く短くという性分なのです（笑）。

今も毎朝5時半に起きて、軽いランニングまたはウォーキングをするのが日課ですが、目が覚めて歯を磨き、白湯《さゆ》を飲んで5分後にはもう外にいます。玄関で髪を縛ってシューズを履くだけ。というのも、ランニング用のジャージを着て寝ているからです……。ランニングから帰ってきたら、ジャージを洗濯機に突っ込んでシャワーを浴び、私の大切な時間である一人静かなコーヒータイム。それから子供を起こして、朝ご飯。そこから我が家の一日がスタートするわけです。

上手くこなさないと周囲に迷惑を掛けてしまいますし、自分も後から余計に大変なことになります。必要は発明の母と言いますが、自然とこのような生活になりました。それでも慌ただしい生活の中から絞り出した至福のコーヒータイムは、私にとって、一日をイメージするのにとても重要で、それがあるから快適な一日のスタートが切れるような気がしています。

Episode 22

「二足のわらじ」は役に立つ

『セーラー服と機関銃』の衝撃

最近は、本業とは別に「副業」をすることや、同時にいくつかの仕事を掛け持つ「兼業」というスタイルも多いと聞きます。並行してやることで、各々に良い相乗効果を生む場合もあります。私が通った愛知淑徳高校は学業に厳しい学校でしたが、逆にそれが私にとっては幸いでした。振り返ると、「二足のわらじ」の好例だったのではないかなと思います。

今では通信制高校も多くなり、自由に時間を使えるジュニアゴルファーが増えています。様々な選択肢がありますが、どの選択もその人に合っていれば良いと思います。私の場合、もし３６５日ゴルフができる環境に置かれたら、性格的にダレてしまうか、逆に毎日練習し過ぎて行き詰まったり、怪我をしたりしていたと思います。ゴルフだけの生活では、余計にプレッシャーも感じたでしょう。その点、私はゴルフと学校という２つの世界があったことで、心のバランスが取れていましたし、どんなに行き詰まっても必然的にスイッチを切り替えないといけない環境に救われました。

当時ゴルフをやっているジュニアは少なくて、ゴルフ場に行くとほぼ１００％大人ばかりです。子供が居づらい雰囲気もあったので、学校という空間があったことで、ゴルフにも常に新鮮な気持ちで取り組めたと思います。

ゴルフと勉強。どちらかで深みにハマったときに、それぞれをまた違った視点で見られたことも良かったです。たとえばテスト。もし、60分あったら全問正解できる問題でも、試験時間が50分であれば、その時間内で解かなければなりません。ゴルフも同じで、19ホール目にイーグルが獲れるかもしれないと思っても、決着は18ホールでついてしまう。制約の中でいかにやり遂げるか？　というのは共通です。効率的にスコアを取るために、全体を考えるようになる。そして、ゴルフと勉強を掛け持ちすることで、決められた時間の中でやり遂げる力が鍛えられました。

加えて、学校での生活があることで、ゴルフの練習がしたいという感覚に常に飢えていられました。リフレッシュのために遊びに行きたいと思うこともありません。記憶にある余暇といえば、一度だけ映画館に行ったくらいです。そのときに観た映画は、薬師丸ひろ子さんが主演の『セーラー服と機関銃』でした。その主人公も私の知らない全く違う2つの世界に身を置いていることに、同じ学生としてすごく衝撃を受け、あの最後の名ゼリフ「カイカン」は今でもときどき思い出します。

様々な苦境を乗り越えて頂点に立ったときの30歳のゴルフには価値があると思っています。ただその一方で、怖さを知らない勢いや、純粋にゴルフを楽しむ気持ちに満ちあふれていた16歳のときのゴルフもまた、一瞬とはいえ、ある意味人生で最良のゴルフをしていたのかもしれません。

Episode

23

環境を嘆く前に

秘密のトレーニング施設

環境は言い訳にできない。そう思わされることがありました。

母は学生時代からゴルフをしていて、20歳で「日本女子アマ」の優勝経験もあるのですが、25歳で結婚してからは主婦業に専念。毎朝5時半に起きて家中を雑巾がけしてから朝ご飯とお弁当を作り、3人の子供を学校に送り出したあとは、父の病院の手伝いをしていました。家の中はいつもきちんとして塵《ちり》一つない。そんな几帳面な性格なのです。「生まれ変わったら石になりたい」と口にしていたことがあるので、日々どんな重荷を背負って生きているのかと、ちょっぴり不安になってしまいますが、一度もダラッとしているところを見たことがありません。私がどれだけやっても（やったつもりでも？）、母の前では甘さばかりが目立ちました。

中学3年生の6月、私が「中部女子アマ」にエントリーしたときのことです。家からゴルフ場までは母に車で送迎してもらっていたのですが、そのときは、終わるのを待っているより、自分も出ようと、母も一緒に出場することになりました。母にすれば約15年ぶりの公式競技への出場でした。

2日間競技の初日を終えて私は首位タイ。翌日は祖父も応援に来てくれました。コースに着いた祖父は、「服部がすごいぞ！」と関係者から聞かされ、「道子だな」と応えると、「いえいえ、（孫ではなく）お嬢さんの方だよ！」と返され目を丸くしたそうです。母は6

打差5位からスタートして、1オーバー「75」のベストスコアで回っていました。一方の私は、同伴競技者に圧倒されボロボロに崩れて大叩き。先にホールアウトした母は、私の勝利を願って、途中で見に来てくれたのですが、あまりのぶざまな姿に「何をやっているの」と鬼の形相です。結局その試合は、母にとって結婚後初の公式競技優勝という形で幕を閉じました。

あれだけ家族のために忙しくしている母です。ときどきクラブの月例競技には出ていましたが、練習場にも行っていません。一方の私は、学校が終わると毎日練習場で球を打っていました。それなのに私は母に勝てなかった。当時の私は森先生と出会う前（18ページ参照）で、心から練習に身が入っているわけではありませんでした。母が優勝して「あ、これでますます怖くなる」と戦慄《せんりつ》を覚えたのは、自分の甘さを自覚したからでしょう。

母も、恥ずかしくないスコアを出したいとの目標はあったはずです。庭で素振りやストレッチをしたり、掃除をするときもトレーニングを意識するなど、母なりの工夫をして臨んだに違いありません。その人の心次第で、どんな空間も素晴らしいトレーニング施設に変貌する。

環境はその人の工夫次第だと感じた、母の約15年ぶりの優勝でした。

Chapter

4

複雑なものこそシンプルに考えてみる

Episode 24

何事もシンプルに

直感を信じる

何事もシンプルに考えるようにしています。難しい悩み事も、頭の中で3周回って結論が出なかったらもう考えない。というよりはひとまず置いておく。疲れているときに考えても余計悪い方に行ってしまうので、そんなときは一旦忘れるように努め、切り替えるようにしています。私は割とこれが得意です。

新しいゴルフクラブをテストするときも、最初の1球が勝負だと思って打ちます。いつものウォームアップをしたら、その1球でイメージした球が出るかどうかを判断します。プロは数球打てば、ある程度どんなクラブでもアジャストして打ててしまいます。そうなると、そのクラブ自体が自分のスイングや、他のクラブの流れと合っているのか分からなくなってしまう。だから今使っているクラブと入れ替えるかどうかの判断には、最初の1球が大事なのです。その感触が良ければ、ドローやフェード、高い球や低い球が打てるかどうかというテストを続けます。

ゴルフは不確定要素が多いので、考えることはなるべく減らしたいのです。ドライバーはこう、アイアンはこう、といった具合に考えていては、どこかがおろそかになってしまう。そこでなるべくイメージや感性が働くように、考える要素を極力少なくしています。試合に臨むときも、スイングのできないことをあれこれ心配するのではなく、「これをやっておけばいい」ということを練習でしっかり把握し、一つ二つ持っているというのが理想です。アドレスまでに一つ。そしてスイング中に一つ。なるべくシンプルに。

これは日常生活でも同様かもしれません。いろいろ考えると物事は複雑になってしまい、さらにややこしくなります。そして、何かに忖度《そんたく》するようなことを考え始めると、その後なんらかの不安や後悔が芽生えたりもします。

話は変わりますが、今は仕事の幅を広げたいと考え、何事も食わず嫌いにならないように注意しています。そこで気を付けているのは、「できる、できない」を深く考え過ぎないようにするということです。というのも、考え過ぎると前に進めないので、そんなときには「やりたいか、やりたくないか」という直感を大切にしています。できないかもしれないということも、やりたいと思って飛び込んでみたら、なんとかこなせるよう自分なりに工夫したり、助けてくれる人も現れたり、意外とやれる場合が多かったりします。そういう意味では、人間の力は無限大だと思いながら、目の前の選択肢の中で判断するようにしています。

Episode 25

協調性のワナ

ファースト・ワンのススメ

世界の変化は急速です。これまで人間がやっていた作業の多くを、コンピュータや人工知能（ＡＩ）が肩代わりするようになりました。このような時代を迎えて、人がこれからを生きる上での大事な指針となるのは、他の人と違う部分を伸ばして個性を磨いていくことだという気がしてなりません。

ゴルフ界では、誰かが「アプローチ練習をやる」と言うと「私も行く」と、自分にどんな練習がどれだけ必要かを考えないまま、付いていく人がいたりします。

一般的に日本人は、はみ出すことが嫌いと言われます。はみ出さないというのも悪いことではありませんが、常に自分で考えて行動を起こす〝ファースト・ワン〟にならないと、いざというときに決断が下せなくなってしまいます。仲間に迎合するのは楽かもしれませんが、最終的には自分に損が返ってくると心得ておくべきでしょう。

アメリカ社会には自分の譲れないところは主張しつつ、相手の立場を認め合おうとする文化とコミュニケーション・スタイルがあります。私がかつて在籍していたテキサス大学ゴルフ部は、男女それぞれ12〜13人の部員がいましたが、女子選手の出身国は南アフリカ、ニュージーランド、メキシコ、日本、そしてアメリカの計5ヶ国。もちろん生まれ育った環境も違います。私はチーム内で唯一の東洋人で、英語のノン・ネイティブスピーカー

（非母語話者）でした。ただ入部した最初の試合で優勝できたので、ゴルフに関しては、すぐに信頼を得ることができたのです。

そこで私は早速コーチに交渉。試合の出場メンバーを決める3ラウンドほどの選考会を免除してもらい、その時間を勉強と練習に充てることができました。大学の規則では勉強の成績を落とすと遠征には行けないので、ゴルフと勉強の両立のために捻《ひね》り出した私なりの作戦でした。はっきり自己主張をしても、それが理に適っていると判断されれば認めてくれます。置かれた立場は人によって違うので、まず言わないことには始まりません。

私のチームでは5番手までが試合に出られて、6番手は空港までの送迎役になる決まりでした。そうすると、6番手になった選手は、「私はあなたたちの運転手になるために生まれてきたんじゃない！」と、面と向かって不満をぶちまけたりします。しかし、一度吐き出すと、しばらくして「さっきは言い過ぎた」とか「本当はうらやましく思っているの」と、謝って仲直りします。

そういうことを大学の4年間に繰り返したことで、多様な価値観を受け入れる間口がだいぶ広くなったと思います。相手の立場を認めつつ、自分の大切なことはしっかり主張するという、コミュニケーションスタイルを学ぶこともできました。

自分の価値観は自分のものであって、相手に押し付けるものであってはいけません。

その逆もしかりです。

そんな考え方を学べたことは、自分を自由にしてくれたし、楽にもしてくれました。

Episode

26

勝者の共通点

集中と好転

なぜかいつも勝っている、という人がいます。

そういう人の共通点があるとすれば、穏やかで、余裕があること。立ち姿や所作が落ち着いていて、挨拶をしなくても遠くから見ただけで、存在感が際立っています。落ち着いて、どんなトラブルにも臨機応変に対処でき、物事を好転させる術《すべ》を持っています。そういうオーラを持った人は、戦う前から強いと思います。

個人競技で長時間の戦いということも関係するのかもしれませんが、威圧感を前面に出すタイプの選手は、対戦相手としてはあまり気にはなりません。変に入れ込み過ぎていたり、自分への期待値が高過ぎたりすると、上手くいかなかったときの反動が大きく、メンタルの要素が大きいゴルフでは、最終的に崩れてしまうケースが多いからです。

プレーに時間を掛け過ぎる選手も同様で、そういう人は最終日に伸び悩むことが多いですね。時間を掛けるということは、迷いもあるし、その分、エネルギーも使っています。惜しかったプレーの感傷に浸るよりは、早く切り替えた方がいい。勝負どころは別として良いペースでリズム良くプレーしている方が、良い運も来るのです。最後までいかに余力を残しておけるか。それが大事な場面で集中できるか否かの差になります。

私も数々の悔しい思いをしましたが、そういうときは自信のなさを隠すために、虚勢を張ったりしていたものです。また、スイングの修正に取り組んでいるときなど、スイングに気をとられるあまり、テンポ良く打てなくなって勝てなかったり……。その一方で、勝った試合にもいろいろな勝ち方がありました。体調が悪くて無欲で勝った試合もありましたし、若さの勢いや、ライバルと切磋琢磨しながら勝てた試合もある。ストロークに自信があるときは、カップがバケツのように見えることもありました。

振り返れば、上手くいっているときほど、大事なことに集中できていた気がします。そうではないときは、周囲の雑音が気になったり、余計なことに気を取られ、自分のやるべきことに集中できていませんでした。

自分が出場した大会の放送をテレビで見ていたときのこと。そこに映っていたのは、猫背でトボトボ歩いている自分の姿……。我ながら、「これでは勝てない。勝利の女神も寄り付かない悪循環に陥っている」と思いました。それ以来、調子の悪いときほどラウンド中は姿勢を正し、フェアウェイの真ん中を大股でゆったり歩くよう心掛けていました。またあえて口角を上げてみたり、ゆっくり深呼吸をしたり、目をつぶって少しの間、無になってみたりと工夫するようになりました。さらに、同伴選手やキャディさんと何かゴルフ以外の共通の楽しい話題、たとえば夕食の話やお気に入りのドラマのことなどを話すなどして、自分で自分の気持ちを前向きにできるように努めることも有効な手段です。

Episode

27

カルチャーショック

ゆらゆら作戦

アメリカに行ったときより、日本に帰ってきたときの方が、カルチャーショックは大きかったですね。何を発言しても受け入れられる文化に慣れていたのと、それまでは学生という身分に守られていましたが、プロの世界に入って社会人になったことで、大人としての振る舞いが求められたのも大きかったと思います。

日本に戻り、特に悩んだのは挨拶です。アメリカではアイコンタクトをしてから挨拶をするのが常だったのですが、日本では違います。日本ではアイコンタクトがないまま挨拶することも多く、自分に対して挨拶していると気付かなかったり、そのため私は挨拶できずにいたり……。その上、たとえば朝、同伴プレーヤーが集中してボールを打っていたら、練習の邪魔になるのではと考え、挨拶は後回しにしていました。でも、それでは礼儀を知らない者と見なされてしまいます。アメリカから帰国したばかりの社会人1年目とはいえ、未熟な行動だったと思います。

ツアー1年目でしたが、私はアメリカから帰ってきた珍しいタイプの新人ということで周囲に知られていました。そうした違いに気付いてからは、朝一番でその日に同組で回る選手を探してまず挨拶に行き、同じメーカーのボールを使う選手がいれば、番号がかぶらないように確認していました。ちなみに今でも私が使うボールの刻印は「4」が多いのですが、それは誰かとかぶる確率が最も低いからなのです。

私がプロになった当時は、様々な心理戦が展開されていました。勝負へのこだわりが強く、その気迫にはとても驚かされました。ショートパットのときや狭いホールで目の前に立っていたり、プレッシャーがかかったパットでは、カップの向こう側でゆらゆら身体を揺すったりされることがありました。いろいろな場面で強固な精神力が求められましたが、当時はそれで勝ってこそ本物という世界だったのです。

初めは私もアメリカとの文化の違いに戸惑いましたが、そのうち何度もやってくる相手にだけはやり返すようになっていました。そんなことを積み重ねていくうちに、何があっても動じなくなっていったのです。

Episode 28

上達の秘訣

3番目のルール

「どうしたらゴルフが上手くなりますか？」

選手からそう聞かれることがありますが、私はすごく大ざっぱに答えれば、自分を知ること、そして決断力が大切だと思っています。それはつまり、今の自分に何が必要かを冷静かつ客観的に分析する能力と、感情や環境に流されずに判断し、決断する能力のこと。

ゴルフは複雑な要素が入り組んだスポーツなので、上手くなる手段は何か一つというわけではありません。その方法も人それぞれ。技術やトレーニング、休み方や栄養補給、さらに気分転換など、自分自身が最大のプロデューサーとなります。

では、これからゴルフを始める人が、スムーズにプレーできるくらいまで上達するには、どうするのが手っ取り早いのでしょうか？

まず身体作りが大切なポイントです。そう聞くと、敬遠したくなる人もいるかもしれませんが、1日15分で十分です。その15分で足腰のトレーニング（たとえばスクワット）と体幹トレーニング（たとえば腹筋、背筋）、それから肩甲骨を寄せたり回したり、肩を上げたり下げたりするストレッチをするだけで、ゴルフに重要な土台となる下半身と体幹を鍛え、捻転《ねんてん》力や柔軟性をアップさせることが可能です。

それらを実行することにより、肩こりが改善されたり、姿勢も良くなってきたり、お腹の引き締めやダイエット効果、新陳代謝、血流アップも得られるので、メリットはゴルフにだけではありません！

また、自分に合ったゴルフクラブ選びが肝心です。重さや硬さなどが身体に合っていないとスイング作りが難しいため、早めに適切なクラブを入手するのがいいですね。「最初は何でもいい」と言う方も多いのですが、スイングを崩す原因にもなるので、あまりお勧めできません。たとえハーフセットでも、自分に合ったクラブを使いたいところです。

その上で、スイングの基本を覚えるのがいいでしょう。今はインターネットの無料動画を見て独自に学ぶことも可能です。できれば基礎から教えるような動画が理想です。また、自分のスイングを録画することも大事です。たとえば、球が低い人は上げようとすくい打ちをして、ますます上がらなくなってしまったり、フックを打つ人は、より右を向いてますますその傾向が強くなるなど、ゴルフは〝逆〟をやりたくなるスポーツなのです。自分のフォームを把握していると、その改善も容易になります。

コースには様々な状況があるので、まずは練習場である程度自信をつけるのが先決です。

ある程度打って身体が慣れたら、同じところばかり狙わずに、一球一球ターゲットや番手を変えて、コースを想定して練習するのがいいでしょう。そして、いざコースとなれば、どうしても結果が気になってしまいますが、まずは自分のテンポで迷わずに振り切ることが大切です。「終わり良ければすべて良し」を目指し、しっかりとバランス良いフィニッシュを取ることを意識しましょう。そして、後でアプローチがダメだったなどの反省点を課題として持ち帰り、次に備える。その繰り返しで少しずつ上達していきます。

最後におまけですが……私たちの間でよく言われていることに、「3番目のルール」というものがあります。ラウンドするときは、上手い人と回るのが上達の近道なのですが、4人で回るときに自分が一番下手だと、どうしても心理的に焦ってしまう。そこで、上手い人2人と、もう1人は自分より少し下手な人、つまり自分が実力的に3番手になるような組で回るのが良いということ。ゴルフはメンタルのスポーツですから、ちょっと余裕を持って、上手い人のプレーを学びながらラウンドするだけで、多くのものを得られるはずです。ぜひ、お試しあれ！

Episode 29

数字と感覚

生身の人間がやる限り…

先日、東京オリンピックの試合会場である霞ヶ関ＣＣを訪れたときのことです。最新のコースメモ（ヤーデージブック）を頂いたのですが、最近のものは本当に細かい情報まで載っていることに、時代の変化を感じました。様々な箇所からの距離のみならず、グリーンの傾斜までが、色分けされた矢印と数字によって事細かに表示されているのです。私には詳細過ぎて、情報を生かしきれないほどでした。

昔はグリーンが小さかったのと起伏があまりなかったので、そこまで詳しい情報は必要ありませんでした。私も「スーッと速くて、あとは上り」といったイメージだけで打っていました。パッとイメージが湧く勘のいい人もいて、グリーンに上がるときにはラインがほとんど分かっていたりします。生まれつき絵の上手い人がいるように、距離とラインが見える動物的な勘というのは、持って生まれた才能のような気がします。

私がプロになって初めの頃は、残り距離の打ち分けも、「１５０ヤードのちょっと強め」という感じで、１５３ヤードなどの正確な数字を頭に入れることはありませんでした。ヤーデージブックが登場する前なので、練習ラウンドでグリーンまで歩測しながら、自分でメモを作っていきます。そして実際に打ってみて「見た目よりちょっと上っている」とか、感性に頼る部分が大きかったのです。また今は弾道測定器があり、飛距離もスピン量もア*タックアングルもすべて数字で出てきます。数字に慣れれば、それが一番やりやすいのでしょう。

それでも、生身の人間がプレーをしている限り、感覚がものを言う部分は残されています。以前、プレーオフでグリーン奥にその日一番のナイスショットでＯＢをした選手がいました。優勝争いでどれくらいのアドレナリンが出ているかは、数字では計れません。風の強さを一瞬で数値化できたとしても、それだけでピンに近づけることはできません。結局はその数字を生かすも殺すもその人の持っている感覚が一番大きいのです。数字の利点、感覚の利点をそれぞれ理解した上で、数字とイメージを頭の中で融合させる。そんなスタイルが、これからの時代のゴルフになっていくに違いありません。

そうした〝感覚の優れたゴルフ〟と言えば、私には二人のゴルファーが思い浮かびます。タイガー・ウッズさんと*ロレーナ・オチョアさんです。

マスターズや全米オープンはアンジュレーションがとてもきつく、数字だけでは計り知れない部分が多い難しいグリーンです。イメージや感覚がないと決められないこうした難しいグリーンに、ウッズさんは驚異的な強さを発揮していました。それはウッズさんが、数字を超えた類稀《たぐいまれ》な感性や感覚を持っていたからにほかなりません。

一方、オチョアさんはコースメモをほぼ見ずに（持たずに）プレーする選手でした。もちろんキャディさんから聞くことはあったのですが、〝数字より感覚〟派です。彼女は２００６年から08年まで、３年連続でＵＳＬＰＧＡツアーで賞金女王を獲得しました。優れたというか天才的な感覚の持ち主だったのでしょう。

余談ですが、私は23歳のときに、テレビ番組の企画で、この二人にインタビューしたことがあります。アメリカのサンディエゴで行われた世界ジュニアでのことでしたが、当時ウッズさんは16歳、オチョアさんはなんと10歳でした。すでにウッズさんは16歳とは思えない貫禄と大人の雰囲気があり、ひと目でスターとわかる輝きがありました。そして、スマートでクレバーな選手というのが私の第一印象です。オチョアさん（〝さん〟より〝ちゃん〟という方がしっくりくる年齢ですが）は意志の強さを感じさせる、それでいて柔らかく温かい雰囲気を持ったとても可愛いい少女でした。

＊アタックアングル：スイング時のクラブフェース部分とボールが衝突する角度のこと。

＊ロレーナ・オチョア・レジェス：（1981～）は、メキシコ出身の女子プロゴルファー。2006年から3年連続でUSLPGAツアー賞金女王になるも2010年に引退を発表し、28歳で第一線から退いた。

Episode 30

忘れる力

岡本綾子さんの助言

ショートパットが怖くなってしまった若い頃、*岡本綾子さんに助言を受けました。

「みっちゃん、そんなに考えちゃ、上手くいくものもいかないよ。ゴルフは忘れる能力も大事よ！」

そう言われてハッとしました。ゴルフはイメージのスポーツなのに、私は打ち方などを頭で考えてばかりいて、ぐちゃぐちゃになって気持ちが集中できないまま打てなくなっていたのです。そして大事な場面で急に、それまで全く頭になかった過去のミスパットがよぎったり、記憶に眠る悪いイメージが再生されたりしていました。

頭では分かっていても、なかなか悪いイメージを断ち切れず、身体が固まってストロークもリズムも崩れる悪循環。プロとして経験を積めば積むほど、悪いストックも増えていきます。純粋に目の前の一打に向かうことが重要なので、やはり構えてからはいいイメージを思い描き、身体と頭があまり固まらないうちに早めに打ちたいものです。

現在、活躍している黄金世代や若い世代の選手たちの多くは、そんなに強く打たなくても……という強気なパットで、平気でパンと打ったりします。それが彼女たちの強さの一つであり、勢いを感じるところでもあります。

経験が怖さを生み、挑戦に怯《ひる》んでしまう。たぶんこれはゴルフに限った話ではなく、何事にも共通していることでしょう。それでも、私自身、５勝した１９９８年などは、入る、入らないは別にして、構えてから打つまでに迷いがありませんでした。当時のメンタルコーチには、「思考は癖になりやすいものなので、まずは見えない敵が来ることをしっかり理解した上で、『あ、また来たな』と悪い考えを追い払う。それに埋もれることなく良いイメージを持つ」と言われていました。言葉では理解できても、実際には簡単なことではありません。それだけに〝自分をきちんと理解できている〟ということが大きなプラスポイントになります。初めは無理だと思っていても、繰り返すことによって、脳は自然に学んでいきます。結果、そのときは入らなくても、次では怖さがなくスムーズにストロークできるようになりました。忘れる能力も、後天的なトレーニングで鍛えることができるのです。

ゴルフのプレーは自分でスタートさせるものです。

しかしそこで「イップス」と呼ばれる症状が出ることがあります。イップスとは（ハッキリとした原因は解明されていませんが）精神的な原因などにより、ショットやパットなどの動作中に動きが止まってしまい、打てなくなる症状のことです。元々はゴルフだけで使われていた言葉ですが、最近では他のスポーツやお芝居、音楽など幅広い分野でもこの症状が確認されています。

以前はベテラン選手の症状だと思われていましたが、最近では年齢に関係なく起こっているようです。先ほど「若い人はパンと打つ」と言いましたが、イップスで悩んでいる若い人も多いと聞きます。イップスにゴルフの上手、下手は関係ないため、プロ・アマ関係なく起こり得るのです。

幸い私はイップスになったことはありません。おそらく岡本さんの助言もあり、うまく忘れる能力を大切にしてきたことが大きかったのだと思います。そうした意味でも岡本さんには感謝しています。

＊岡本綾子：（１９５１〜）国内44勝、ＵＳＬＰＧＡツアー17勝。ＪＬＰＧＡツアーは永久シード権を獲得。１９８７年、アメリカ人以外で初のＵＳＬＰＧＡツアー賞金女王に輝く。２００５年に世界ゴルフ殿堂入りを果たす。

Chapter 5

状況を好転させる人からの学び

Episode 31

「応援してくれる人が一割もいれば十分」

母の教え

私の母は、祖父が戦時中に医師団として派遣された満州で生まれました。戦争が終わって実家のある名古屋に戻ったあと、赤ちゃんだった母が急に家から居なくなったことがありました。祖父たちが慌てて探すと、見知らぬ人に抱かれて公園でギャーギャー泣いているところを発見されたそうです。当時はそういう事件が多く、隣の家の赤ちゃんもさらわれてしまったと聞いた記憶があります。

そんな生い立ちも影響しているのかどうかは分かりませんが、母は何事にも厳しく、私は褒《ほ》められた記憶がありません。いつも痛いところを蜂の一刺しみたいに指摘し、「言ってくれる人はだんだん減ってくるのだから、聞く耳はいつもしっかり持っていなさい」と諭《さと》されていました。常に忙しくしていて、圧倒的な存在の母の前では、何を言われても私は口答えできませんでした。

母は１９６２年に「日本女子アマ」を勝っていますが、「20年も前のことだから」と言って、ゴルフの打ち方に悩んだときでも、技術的なことは全く教えようとしませんでした。私には妹と弟がいたので、母は練習場の送り迎えだけをしてすぐ帰ってしまいます。たまに一緒にラウンドしても「素振りはするな」とか「若い人が一番先に旗竿を持ちなさい」と、注意するのはマナーのことばかりです。

私がゴルフを始めた頃は、練習場やコースに子供はほとんどいませんでした。応援してくれる人もいましたが、まだ子供がゴルフをするのを好ましく思わない大人も多い時代です。そんな大人に心ない言葉で注意されると、子供心にショックでしたが、母は「応援してくれる人が一割もいれば十分だよ」と割り切っていました。母がゴルフをやっていた時代はきっともっと厳しかったと思うので、その経験も踏まえてのことなのでしょう。古風でしたが、「みんなに分かってもらう必要はない」と、さばけた考え方をする人でした。

また、中途半端なことが嫌いで、「遊びでいいならゴルフは大人になってからやりなさい」と口酸っぱく言われました。当時、特に女性はプロになることが主流ではなかったのですが、母は、懸命にやっていれば、そこから見えるものが必ずあるという考えでした。これは仕事でも勉強でも同じかもしれませんが、自分の内面から出てくるモチベーションもなく、人から言われて渋々やっていることは、何も身にならないことを、母は気付いていたのだと思います。

その反対に、情熱を傾けられるものが一つあると、それが何であれ、自信や踏ん張りにつながっていく。そういうことを、若く感受性が豊かなときに、学ばせたかったのだと思います。いかに自分自身と向き合えるか。そこに他人の評価や反応は関係ありません。

「応援してくれる人は一割で十分」という言葉に、何度も背中を押してもらいました。今でもよく覚えている母の教えです。

Episode

32

やっぱり最後はハートとハート

心を開く

テキサス大学の4年間、忙しかった父は一度もアメリカに来ることはできなかったですし、母が来られたのも一週間ほどでした。しかしその分、当時のゴルフ部コーチであったパット・ワイスさんが、母親のような愛情を私にずっと注いでくれました。

テキサス州は南北戦争の歴史も色濃く残り、表面には現れなくても人種的な偏見が残っていたと思います。日本人の私はマイノリティでしたが、彼女は私をマイノリティとして区別することなく、クリスマスなどの様々なイベントのときには自宅に招いて頂き、多くの人たちを紹介してくれました。一介の留学生がなかなか経験できないことをたくさん経験させてもらい、受け入れてもらえたことはとても大きな財産です。

卒業から四半世紀が経った２０１５年、米国女子ゴルフコーチ協会（WGCA：The Women's Golf Coaches Association）により殿堂入りの表彰を受け、その式典がラスベガスでありました。そこに当時のチームメイトが5人、サプライズで集まってくれたときは本当にびっくりしました。25年ぶりの再会でしたが、一瞬で大学時代の同志に戻りました。たったの4年間でしたが、喧嘩《けんか》もし、苦楽を共にしたあの時間は、かけがえのないものだったのだと改めて実感しました。

それから数年後、コーチの体調が悪いと聞き、チームのみんなでテキサス州、オースチンに集まり、介護施設に入っているワイスさんにお見舞いを兼ねて、卒業以来初めて会いに行きました。残念なことにワイスさんは、もう目が見えなかったのですが、立って歩くことはでき、私たちの訪問に涙を流して喜んでくれました。亡くなったのは２０２０年のことでしたが、彼女こそ私にアメリカを見せてくれた恩人にほかなりません。

　そこでの経験から学んだのは、やはり最後は個人のハートとハートであるということでした。日本を出ると、信じていた常識が非常識だったり、困惑してしまうことがあります。しかし、どうせならまるごと受け入れてしまった方が楽しめます。その方が世界も広がるし、自分自身も幸せになれます。このように考えられたのは、心を開いて相手のことを見て、相手の言葉を聞いて受け入れるという人付き合いの基本をワイスさんから教えて頂いたからです。

　チームメンバーの一人、ベスさんからも教わることがありました。彼女の妹さんは重度の障害があり、常に移動式ベッドでの生活で、言葉を話すことができませんでしたが、ベスさんとご家族は、誰が訪れてもいつも皆の輪の中に妹さんを同席させていました。最初は驚きましたが、ベスさん家族が妹さんに健常者と全く変わらず接している姿を見ているると、心が温まり、幸せな気持ちになるのでした。そして、一人の人間として妹さんを心から愛し、尊重しているベスさんからも、ハートとハートの姿勢を学びました。

Episode 33

人のために生きた父

葬儀で知った父の生き様

外科医だった父は、ボストン、東京、栃木、茨城と転勤続きでした。私が小学2年生のときに、母の実家近くの愛知県愛知郡日進町（現・日進市）に10床ほどの個人医院を開業しました。いわゆる町医者で家は医院の隣にあり、入院患者さんもいるので、何かあると夜中でも呼び出されます。亡くなる方もいて、人の命を身近に感じる環境でした。

父には「赤ひげ先生」のようなところがあり、いろいろな理由で食事を作れない方がいると、「今日は食べていったらどう？」とまかないを提供していました。病気を患った人が元気になり、「いろいろとありがとうございました」と澄んだ笑顔で帰っていくその姿が、今でも目に焼き付いています。

土日も年末年始もなく働いていて、趣味といえば盆栽とバードウォッチングくらい。一緒に出掛けるとしても、せいぜい近くの釣り堀や動物園、スケート場などで、家族全員揃っての旅行は、父が開業して以来一度も行ったことがありません。ただ、今のようにゴールデンウィークなどのまとまった休みに家族でどこかへ行く時代でもなく、ＳＮＳなどで他の家族と比べることもなかったので、私たち家族はそれを当たり前のこととして受け止めていましたし、幸せでした。

中学3年生で森先生（18ページ参照）にゴルフを習うようになってから、私は帰宅が遅くなり、夕食はほとんど一人で食べていました。そんなときも、父は何も言わずに待っていてくれ、「今日は美味しいデザートをとっておいたからね」とか「疲れているようだから、しっかり休むのも大事だよ」と、言葉数は多くないけど、笑顔で包んでくれる存在でした。前述しましたが、父の口癖は「腹が減っては戦《いくさ》はできぬ。まずはしっかり食べてから」です。身体が弱かった私を心配して、「人間、疲れがピークになると考えることもできなくなる。しっかり食べて、しっかり休んで、そこからもう一回頑張ればいいんだよ」と、いつも温かく励ましてくれました。

私は昔から人が元気になる姿を見るのが大好きです。そして、期待してくれた相手をがっかりさせたくないという気持ちがあります。末永く記憶に残って、喜びや前を向く力を与えられる一番の源は、やはり人の心なのだと思います。このように思えるのは、小さい頃から父が患者さんと向き合っている姿を見てきたからだと思っています。

父が亡くなったとき、葬儀に多くの患者さんが遠方から訪ねてくださいました。訪れた人が涙ながらに次々と手を合わせて、父の旅立ちを見送ってくださっていた姿は、父の生き様をそのまま表しているかのようでした。

Episode
34
人を育てる上で大事なこと

恩師の言葉

一児の母として、日々葛藤を抱えながら子育てをする毎日ですが、そんなときに思い出すのは小学校の恩師・土田先生です。土田先生には私が4年生のときに陸上部の顧問としてお世話になりました。大人と子供という垣根を越えて、生徒と真摯に向き合ってくださる先生で、子供ながらに真剣にそれに応えようと努力をし、その後の人生に大きな影響を受けました。

当時、土田先生は陸上部だけでなく、サッカー部の顧問も兼任していて、誰よりも早く学校に来て、誰よりも遅く帰るのが日課でした。生徒への愛、学校への愛にあふれていて、土日も休みなく生徒のために尽力する。いつも決まった時間にそこにいて、負担のかかることを、当たり前にやっているすごさがありました。普段は無口ですが、生徒のことをよく見ていなければ分からないようなことを褒めてくれる先生で、技術的な指導もありましたが、それ以上に、競技に臨む姿勢について多くを教えて頂きました。今でも思い出すのですが、「先生、もう走れません」と言えば、ただ「そうか」とだけ返ってきます。しかし、先生が醸し出すオーラから、「お前はそんなもんじゃないだろう」、「勝手に自分で限界を決めるなよ」と言われている気がしたのです。

親の立場になって痛感しますが、人間はついつい手取り足取り教えたくなってしまうものです。たぶん、その方が我が子をコントロールできて、楽だからなのでしょう。頭では分かっていても、失敗させたくないから先回りしたり、理想を求めて助言したりしてしまう。「勉強しなさい」、「スポーツをやりなさい」と、やる気のない子供に無理に押し付けるようなこともしてしまいます。

禅の教えに「啐啄同時《そったくどうじ》」という言葉があります。鶏の雛《ひな》が卵から産まれ出ようとするとき、殻の中から卵の殻をつついて音をたてます（啐《そつ》）。そのとき、親鶏が外から殻をつついて破ります（啄《たく》）。雛が中でつついているのに親鶏が気付かなければ雛は中で死んでしまうし、逆に雛の準備ができていないのに、親鶏が早く殻を破ってしまっても雛は同じく死んでしまいます。つまり、この「啐」と「啄」が同時であって初めて、殻が破れて雛が無事に産まれるわけです。

最近ではこの「啐啄同時」が、教育やビジネスにおける社員育成で重視されるようになっているそうです。教え過ぎてもダメ、教えなさ過ぎてもダメ。そのさじ加減が大事というわけです。失敗しても、たとえ間違っていたとしても、自分の頭で考えることが大切です。どこで子供のやる気のスイッチが入るか分かりません。親としては口を出したいところですが、無理強いをすることなく、ぐっと我慢して見守る力を養いたいと思っています。

私の息子はプロレスが大好きで、放っておいたらインターネットの動画サイトでいつまでも観ています。親としては規則正しく生活させたいですし、約束はきちんと守ってもらいたい。あるとき、約束した25分を過ぎても動画を観ることをやめないので、ついプロレスを批判してしまったことがあります。息子は自分が好きなものを否定され、とても悲しい顔をして私にぶつかってきました。

そんなふうに私が子供とぶつかったとき、迷ったとき、土田先生だったらなんと言って、どう行動するだろうかと、思いを馳せます。6年生のとき土田先生に、「服部は陸上もいいけど、テクニックや思考が入る球技の方が向いているんじゃないか」と言われたことがあり、ずっと頭の片隅に残っていました。しっかり見ているという事実があるからこそ、的確なひと言で子供を導くことが可能なのでしょう。一を言うために、十を見る。それくらいの心掛けで子供に接するのがちょうど良いのかなと、私も日々反省しています。

Episode

35

ちょっとした工夫で印象は変わる

名前を覚える

テキサス大学1年生のとき、コミュニケーションの授業がありました。どんな内容かというと、まず7、8人のグループに分かれて、自己紹介の挨拶をします。それが終わったら、各自、みんなの名前をきちんと言えるかチェックするのです。マイク、キャサリン、誰々……と、全員の名前を覚えるまで言わされます。名前はその人にとって特別なもの。

アメリカは個を大切にする文化なので、その基本として名前を覚えることが重要なのです。次に会ったときに「こんにちは」だけではなく、「こんにちは、○○さん」と言えるだけで、距離はぐっと縮まる。そう教えられました。

当時の私は名前の大切さをあまり理解していませんでした。しかし、その人の名前をしっかり覚えるということは、あなたは私にとって大切な存在ですよ、ということを相手に伝えるもの。嬉しい記憶は心に残ります。仕事を頼むにしても、気持ちが通わせられる人にお願いしたいと思うのが人情です。今は仕事を通じて名前を覚えることの大切さを実感しています。

ゴルフ界で帝王と呼ばれる*ジャック・ニクラスさんは、取材に訪れる記者たちを常にファーストネームで呼びます。新聞社やテレビ局といった会社ではなく、個人として尊重していました。そうやって記者たちとの距離を縮め、お互いに信頼関係を醸成していったのです。もちろんゴルフは世界一の実力でしたが、信頼感で結ばれた記者が書く記事は温かい文章になります。ニクラスさんの黄金時代は、そうして築かれていったのでした。

日本では、女子プロゴルファーのイ・ボミ*さんが好例です。日本と韓国という国境を越えて、あれだけ深く愛されるのには理由があります。女性の私でもファンになってしまうくらい、対応が温かいのです。しっかり目を見て心を込めながら、「お元気でしたか、服部さん？　今日は寒くないですか？」と必ず名前を呼んで話し掛けてくれます。熱心なファンの名前やその方々の居住地もよく覚えていて、「遠くから来てくれましたね。先日の豪雨は大丈夫でしたか？」などと気遣っています。可愛いルックスだけではありません。彼女の人柄に触れれば、誰でも応援したい気持ちになるのです。

私が考えるコミュニケーション能力の高い人は、相手と損得で付き合っていません。人柄で一緒にいたいと思わせる、気付くとファンになっているような人です。

と、ここまで書いたところで打ち明けないといけません。結局、私は大学ではこの大事なコミュニケーションの授業は取らなかったのです。そのときの私には全く余裕がなく、コミュニケーションの授業は必修科目でなかったこともあり、英語を母語としなくても点数が取りやすい理数系のクラスばかりを選択してしまいました。もしあのときコミュニケーションの授業を取っていたら……。まったく、「後悔、先に立たず」ですね。

＊ジャック・ニクラス：（1940～）歴代最多となるメジャー通算18勝を誇るゴルフ界のレジェンド。その強さと風貌（金髪）から「ゴールデンベア」と呼ばれ、日本では「帝王」と称される。

＊イ・ボミ：（1988～）韓国出身の女子プロゴルファー。日本で2度、韓国で1度賞金女王に輝く。韓国と日本での賞金女王獲得は史上初だった。

Episode

36

隠れたメンタルコーチ

トム・カイト・ファミリー

テキサス大学への進学でお世話になった*トム・カイトさんは、非常に愛校心の強い方でした。年に2回ほど、大学のゴルフチームを自宅に招いて、バーベキューを催してくれたのですが、そこにはカイトさんのメンタルコーチでもある*ボブ・ロテラさんも来て、彼らがワインを飲みながら、多感な学生たちにいろいろな話をしてくれるのです。

そのとき大学1年生の私は、日本のマスコミに注目されていました。当時はバブル景気で、頻繁に、日本のテレビクルーと新聞記者が、現地まで取材にやって来ます。メディアに期待される一方で、私は学生として勉強の成績も保たなければならないし、ゴルフの成績も残さなくてはダメというプレッシャーの中にいました。「期待に応えられないことが、とても怖いと思うことがある」と打ち明けたのです。するとロテラさんは、「日本からたった一人で来ているだけで十分にすごいことなんだよ。それだけでも誇っていい。僕が一人で日本に行って生活するなんて考えられないよ」と、優しい言葉で共感してくださったのです。それでとても気が楽になったのを記憶しています。彼がたくさんの本を出している著名なメンタルコーチであることを知ったのは、少し後になってからでした。

カイトさんの行動もまた、ロテラさんの言葉をそのまま体現しているように見えました。人生はゴルフだけがすべてじゃない。日常生活が充実しているからこそ、ゴルフにも集中できる、という言葉通りの生活ぶりなのです。ハッピーであることが良いセルフイメージにつながり、ゴルフのためにも実にバランス良く生きているように映りました。

けれど、その会で一番印象に残っているのは、カイトさんでもロテラさんでもなく、カイトさんの奥様のクリスティさんです。彼女の心はとても透き通っていて、ものすごく努力をしているのだろうけれど、それを全く見せることなく、何があっても大丈夫というチャーミングな笑顔をしていました。

ふとしたときにカイトさんが、「やっぱりメガネじゃない方が良いのかな」とポロッとこぼしたことがありました。当時、とても大きくて分厚いメガネを掛けていたのですが、有名になるにつれて、そのことを揶揄《やゆ》する人がいたのだと思います。まだレーシック手術はなく、たぶんコンタクトレンズも合わなかったのでしょう。それを聞いたクリスティさんは間髪を入れずに、「私はあなたのメガネと共に結婚したの。だから、あなたのメガネが大好きよ」と微笑みました。その言葉を聞いて、すごく幸せそうな顔をしていたカイトさんを今でも鮮明に覚えています。

クリスティさんは言葉選びがとても上手で、そのひと言とあの透き通った笑顔があれば、すべてが解決してしまうようなパワーを秘めた人でした。実は、クリスティさんもカイトさんのメンタルコーチだったのかもしれません。言い方一つで伝わり方は変わってくる。言葉の大切さを教えてくれたのは、そんなクリスティさんでした。

*トム・カイト：(1949〜) テキサス大学出身で、プロゴルファーとしてメジャー1勝(全米オープン) を含むUSPGAツアー通算19勝を挙げた名選手。

*ボブ・ロテラ (1949〜) メンタルコーチとしてトム・カイト、ニック・プライス、ジョン・デーリーら超一流プレーヤーを指導した。

Episode 37

襟を正させてくれた名経営者たち

素晴らしい方々との出会い

これまでゴルフを通じてたくさんの素晴らしい方たちとの出会いがありました。プロゴルフの世界では試合前日にプロアマというイベントがあり、企業経営者や各界のリーダーたちとゴルフをして、お食事や表彰式までご一緒する機会が毎週あります。なかなかお会いできない方々と一日ご一緒できることは、我々プロゴルファーにとっては本当に身に余る光栄でした。そんな貴重な経験を通じて親交を深めさせて頂いた方々の中から、ここでは特にゴルフに造詣《ぞうけい》の深いお三方について、お話ししようと思います。

まず一人目は、富士ゼロックス元会長で世界中を飛びまわり、優れた国際感覚をお持ちの小林陽太郎さんです。私のジュニア時代に日本のナショナルチームが立ち上がりました。その頃からナショナルチームを奥様とご一緒に応援してくださり、何度もゴルフやお食事をご一緒させて頂きました。小林会長はゴルフもとても上手ですが、調子が良いときはもちろん、不調のときでも、いつご一緒しても、その立ち居振る舞いが本当に素敵でいらっしゃいました。

またキャディさんを「〜さん」と名前で呼ばれ、必ず「ありがとう○○さん」と言い添えていらっしゃったことは、特に印象深いひとコマです。あるとき、新米キャディさんがパットのラインを間違えたことがありました。私は横でハラハラして見ていましたが、それでも小林会長はいつもと変わらないご様子で「僕もそう読んだよ○○さん。ははは」と笑って次のホールに向かわれるのです。この笑顔と笑い声で、一瞬にして気まずい雰囲気は吹き飛んでしまいました。どんな方にもフェアに向き合い、どんな話にも耳を傾けてくださいました。その素敵なご様子は、奥様とご一緒のときにも常に感じられるのです。必ず奥様のご意見を尊重され、お互いを「個」として認め合う関係性は、新しい日本の夫婦のあり方だと、ジュニア時代の私の目には新鮮に映りました。このような方が会長だと、社員たちの士気も高いのでしょう。いつもとびきりオシャレで姿勢や表情、言葉遣いまでのすべてが、それはそれはハンサムでスマートな方でいらっしゃいました。

二人目は、千葉県にあるグレートアイランド倶楽部を作られた伊藤園の本庄正則元会長です。このグレートアイランド倶楽部は、いつ訪れても何から何までハイクオリティなゴルフ場です。コースコンディションやメンテナンスはもちろんですが、クラブハウスのホスピタリティや従業員の心からの気遣いには、行くたびにいつも瑞々しい感動を覚えます。本庄会長はゴルフ場を訪れるお客様にいつも最高の状態をお届けしたいと、自ら設計から関わり、立ち上げ当初からずっとコースのロッジに寝泊まりしていらっしゃいました。私もロッジで会長と夕食をご一緒する機会がありました。会長はマスターズのような速くて起伏のあるグリーン（多大なメンテナンスが必要です）を作り、毎年コースの改造を行い、日本の女子プロが世界で活躍してほしいと常々おっしゃっていました。

会長はゴルフをされるときに、自身のプレーよりも、もっぱら目土《めつち》をされたり、クラブハウスの細かなところまで気に掛けたりしていらっしゃいました。また、常にグリーンキーパーさんや従業員の方々とコミュニケーションを取られ、なによりも「現場」を大切にされていました。

なかなか良い成績を出すことのできなかった難コースでしたが、ようやく１９９８年にグレートアイランド倶楽部で初めて勝つことができました。本庄会長から優勝トロフィーを頂いたとき、その温かい笑顔と本庄会長の想いを思い出し心からこみ上げるものがあったことを、今でも昨日のことのように感じます。

そして２０２１年６月。女子ゴルフ・世界最高峰の大会「全米女子オープン」で、二人の日本人選手がプレーオフに進み、優勝を争いました。

私はこの偉業をテレビで解説をしていましたが、本庄会長が夢見ていた瞬間でもありました。

「会長、日本人選手たちは世界で大活躍ですよ!!」

もし、今もご健在でしたら、きっとあの人懐っこい笑顔で喜んでくださったと思います。

最後は三共生興《せいこう》の三木秀夫元社長です。三木社長は子供の頃にお姉様を結核で亡くされ、ご自身も結核になり、生死の境をさまよいながら奇跡的に助かった体験をお持ちです。その体験から「自分はなあ、みっちゃん。本当は若い頃に死んで、今はおらん人間やったんや。だからわしは2人分、生きなきゃあかんのや」とよくおっしゃっていて、何事にも妥協がなく、志のとても高い方でした。

私のデビューから引退するまでの18年間、成績が出ないときも変わらず契約して頂きました。父と同じ昭和9年生まれだったこともあり、父から教わるような人生のあり方などをたくさん教えて頂いた社長さんです。「人間はピンチのときにどう振る舞うかで、その人の本当の姿が見えるんや。だから、ゴルフも人生もピンチのときが大切なんやで。みっちゃん、そのときはしっかりしいや」と常におっしゃってくださいました。

三木社長の姿勢や考えを身近で見聞きできたことは、18年間どんなときもプレーを続けることができた要因の一つに違いありません。三木社長には、亡き父の代わりに結婚式のバージンロードを一緒に歩いて頂きました。いつもは勝負師で、常に厳しい方でしたが、このときばかりは今まで見たこともないような、はしゃいだお姿がとても印象的でした。これでようやく肩の荷が下りたと思われたのでしょうか。三木社長にはいろいろご心配をお掛けしたと思っています。

お三方ともすでに鬼籍に入られてしまいましたが、本当に多くを学ばせて頂いた素敵な方たちでした。

Episode

38

二つの尊敬する生き方

樋口久子さんとアニカ・ソレンスタムさん

私が現役だった時代、ツアーで70勝以上も挙げているすごい人たちがいました。その中でも、世界最高峰といえる二人の偉大なプロゴルファーと、私は幸運にも近くで接することができました。そのお二方の素顔について、少しお話ししてみたいと思います。

まずは通算72勝（国内69勝、海外3勝うちメジャー1勝）の歴代日本女子最多優勝記録を誇る樋口久子さん。日本女子プロゴルフ協会の会長としても長く活躍され、世界ゴルフ殿堂入りも果たされています。

私は樋口さんが現役を終える前の数年間、一緒にプレーさせて頂きました。あるとき、「子供の頃、雨が降るとそれが唯一の休みになり、練習しなくても良かったので、ちょっと雨が好きだったんです」と樋口さんに言ったことがありました。すると樋口さんは間髪を入れず、「何を言っているの、道子ちゃん。私は大嫌いだったわよ」と言うのです。その理由を尋ねると、「だって私の地域は雨でも、他の人の地域は晴れていて一生懸命練習していると思うと、悔しいじゃない」と。さすが72勝だと思いました。

会長になられてからも、プロアマ戦に出る朝も試合と同じルーティンで、ストレッチをして練習場に行き、パターをしてから臨んでおられ、スコアや勝負にこだわっていらしゃいました。お客様に対しても丁寧で、ラウンド中は手取り足取り教えていらっしゃいます。

そして、お客様が打ったバンカーショットも樋口さん自らが均《なら》します。気遣いやマナーが徹底されていました。今、女子プロ人気があるのも、協会が大きく発展できたのも、こうした樋口さんの志、そして取り組む姿勢があったからこそだと思います。

もう一人はアニカ・ソレンスタムさんです。アニカさんは私がテキサス大学3年生のときに、アリゾナ大学1年生でした。メジャー10勝を含む米ツアー72勝という、とてつもない数字を残していますが、元々はとてもシャイな女の子です。ジュニア時代は優勝スピーチをするのが嫌だから、わざと2位になったとか、試合の前夜、怖くて眠ることができなかったという話も聞きました。しかし、それをメンタルコーチの*ピア・ニールソンさんと共に、徐々に克服していったのです。

彼女の場合、現役時代から変わらない、妥協を許さぬ姿勢によって今の強さがありますが、それは後天的に積み上げた努力の結晶だとも感じます。アニカさんは昔からあんなに強かったわけではありませんし、もしかすると今も中身は変わっていないのかもしれません。「強さは後から身に付けていくものだ」ということを、彼女がだんだん強くなっていく姿を見て感じました。

一緒にプレーする機会はあまりありませんでしたが、２０１５年にラスベガスで米国女子ゴルフコーチ協会の表彰をプレーヤー部門で彼女と二人で受けたとき、たくさん話す時間を持てました。彼女は現役を離れた今も、２人の子供を育てながらハードなトレーニングとケアを欠かさず、栄養面にも気を付けながら日々の生活を送っているとのこと。このとき、会話の中で、「どんなときも明けない夜はないから……ミチコ」と言った彼女の言葉が今でも私の心の中に残っています。ジュニアゴルファーの育成にも、自らのファンデーションを立ち上げ注力しています。ジュニアたちは彼女の後ろ姿から多くのことを感じ、学べるに違いありません。

それらのことから、アニカさんが、まだまだ人生の高みを目指していることを感じますし、大学時代の恥ずかしがり屋な彼女が圧倒的な強さを手に入れる姿を見て、「考え方次第で、人はこれほど強くなれるのだ」と思わせてくれた世界最高峰の選手です。

彼女は２０２１年に国際ゴルフ連盟の会長となり、さらに忙しい毎日を送っていますが、２０２１年春、13年ぶりに自分のホームコースで行われた大会限定でツアー復帰しました。しかも見事予選通過！　やはり、いつも自分に厳しく、彼女のファンデーションのジュニアたちに、彼女の生き方や、アスリートとしてのあり方を、自らの背中で示しているのだと感じました。

＊ピア・ニールソン：（１９５８〜）米・欧州ツアーで通算８勝を挙げる。その後、スウェーデンナショナルゴルフチームのヘッドコーチに就任。アニカ・ソレンスタム、宮里藍ほか、世界的な多くの名選手を指導。

Episode 39

6年連続賞金女王の強さの秘密

不動心――不動裕理さん

6年連続賞金女王に輝いた不動裕理さんは私より8つ年下ですが、お互い同時期に結婚し、波長が合い、よく夫婦でご飯を食べたり、プライベートゴルフをしたりと、仲良くさせてもらっています。

現役時代はあまり踏み込んだことまでは話さなかったのですが、今ではなんでも話し合える間柄。たとえば私の場合は、賞金女王を獲った後にすごく疲弊していたんです。30歳という年齢もあったかもしれませんが、シーズン終盤に近づくにつれてプレッシャーが強くなっていました。メディアにいろいろなことを毎週聞かれる日々に加えて、オフでも分単位のスケジュールで、この経験をもう一度やれと言われるだけで、ものすごく心が重くなります。それを6年連続でやるのはどんな心境なのかと尋ねると、不動さんは意外にも「私も同じです」と言うんです。ただし、彼女はそこから先が違いました。「でも、とりあえずそれでも予選だけは行くんです。それで気負わずにやっていると勝っていけるんです」。一瞬納得はするものの、やはりとても信じられません。

さらに彼女は悠然と続けます。「別に賞金女王じゃなくても、命は取られませんから、服部さん」。彼女はツアー通算50勝ですが、「2位になってもいいじゃないですか。最後まで自分のプレーをすれば、それ以上何もできないですよね。2位なら苦手な優勝スピーチもないし、賞金は（1位の）半分ももらえますしね」と言います。

実際、不動さんは優勝してもしなくても、いつも行動や態度が変わりません。朝から夕方まで長時間黙々と練習し、「どんな人も仕事で8時間は働きますよね。私の仕事はゴルフなので、皆さんと一緒です」とさらりと言いますから、やっぱりカッコいい!! 賞金女王を獲ってからも「だって無料で打たせてもらっていますから」と、地元の練習場で拭き掃除を続けています。いい意味で欲がなく、心がどんなときも名前の通りに不動! 物事の見方が違うんだなと思います。

私の話をすると、若い頃は短い距離のパットを〝お先する〟のは平気でしたが、そのうちに怖さが出てきて、慎重にマークをしてから打つようになりました。でも、不動さんは今でも簡単にお先します。そこでたまに外れるので、私が「一応ボールを置き直してから打った方がいいんじゃない?」と、通算50勝の人に生意気にも言ったりもしたのですが、「でも、そういうときはマークしても外れますよね」となんとも思ってない様子。恐怖心がないのは、持って生まれた性格なのでしょうか。

不動さんは師匠の*清元登子《きよもとたかこ》さんに受けた「生身の人間なんだから、3勤1休を守りなさい」との指導を守っていて、2003年に年間10勝したときも、「調子がいいのになんで休むの？　もっと勝てるのに」と周囲から言われるなか、そのペースを必ず守っていました。だから、あれだけやって怪我もなく、棄権もスコア誤記の失格もルールミスもない選手だったのだと思います。

話せば話すほど視点が面白くて、不動さんとはいつも話題が尽きません。趣味は読書で、本人に言わせると「現実逃避」なんだとか。試合が終わって東京から熊本に戻るとき、ほとんどの人は飛行機で帰りますが、「私は本を読みたいから新幹線でいいんです」と、一人電車に揺られていくこともありました。やっぱり6年連続賞金女王は、何かが違うのかな、と思います。そんな彼女に「服部さんとは感覚が似ているので、何を話しても安心できます」と言われるのは、私にとってはとても嬉しい限りです。

＊清元登子：（1939〜2017）元日本女子プロゴルフ協会会長。JLPGAツアーで史上初のアマチュア優勝を含む通算8勝を挙げ、指導者としても不動裕理、大山志保、古閑美保の3人の賞金女王を育てた。

Episode 40

女子ゴルフを〝カラー〟に変えた人

宮里藍さん——黄金世代の生みの親？

彗星のごとく現れた一人の選手が、競技のイメージをガラリと変えました。

宮里藍さんの出現によって、日本女子ゴルフ界は大きな時代の変化を迎え、現在までの隆盛が続いています。宮里さんが吹き込んだ爽やかな新しい風。それは、これまでモノトーンだった世界が、突然カラーになったかのような新鮮な驚きがありました。

小さな身体のどこにあれだけ強い意志を秘めているのだろう？　と思わせるプレー中の迫力と、プレーを離れたときの人懐っこい笑顔と常に明るい前向きさ。そして礼儀正しさ。人々の期待をさらりと超えて、どんな高い山でも軽々と登ってしまう感じです。ファンとの距離は近いのに、やっていることは人並み外れていて、まさにスターの輝きを放っていました。

高校3年時に国内ツアーで30年ぶりとなるアマチュア優勝を果たし、南アフリカで行われた第1回ワールドカップでは、日本チームを世界一に導きました。アメリカに渡って米ツアーで通算9勝。日本人として初めて世界ランク1位に到達しました。素晴らしい戦績の数々ですが、私がなによりすごいと思うのは、アメリカツアーであれだけ人々に受け入れられたという事実です。

２０１２年11月、宮里さんは「ウィリアム＆モージー・パウエル賞」を日本人として初めて受賞しました。この賞は米女子ツアーの価値を最も体現している模範的選手に贈られるもので、ツアーメンバーによる投票で決まります。英語は流暢《りゅうちょう》なスピーチができるまでに上達し、どんなときにも笑顔で分け隔てなく人に接する。そして、常に前向きなチャレンジを続けている。そのことが国境を越えて世界で評価されたのです。

沖縄県の小さな村から羽ばたいた宮里さんが、正確なショートゲームとどこからでも入れてくるパッティング、強いメンタルを武器にして、ついに世界の頂点をつかんだのです。彼女がいなければ、今の黄金世代の活躍も、そして次の世代に続く活躍も、日本ツアーの盛り上がりもなかったのではないかと思います。次世代の多くは、宮里さんらの活躍に憧れた子供たちです。

宮里さんは32歳で現役を引退して結婚をされました。そんな彼女と先日、ゴルフをする機会がありました。同伴したのはかつて賞金女王を争った不動裕理さん。引退後はあまりゴルフをしていないという宮里さんでしたが、最終ホールで長いパットを沈めて、終わってみれば不動さんと同じスコア。バーディ数まで一緒でした。こんなことってあるんですね！

不動さんが熊本県、宮里さんが沖縄県、私が愛知県と、三人とも地方出身で、コロナ禍で帰省できていなかったため、それぞれの故郷の話や家族の話、健康のこと、料理のこと等々、ずっと話しながらのラウンドでした。世間話に花が咲くラウンドだったので、私はプレーの内容は全くといっていいほど覚えていません。しかし宮里さんのアドレスに入るときのキリッとする鋭い眼差し、息を止めて見入ってしまうほどのオーラ。パッティング時の、打った後のボールをゆっくり食い入るようにカップに追いかけていく目線は、現役からしばらく離れていても、あのときの「宮里藍」そのままでした。

Episode

41

スマイリングシンデレラ

渋野日向子さん

渋野日向子さんによる日本勢42年ぶりの海外メジャー制覇となった２０１９年「全英女子オープン」は、日本ゴルフの歴史を変える出来事でした。私はテレビ解説をしていましたが、序盤で4パットしても決して怯《ひる》まずに、その後も全ホールでカップをオーバーするような強気のパットを続け、１オンが狙える12番ホールでは、リスクを恐れず果敢にドライバーを振り抜いた。なにより、あの優勝争いのさなかに、ギャラリーと一体になってその場を楽しんでいる様子に心底驚かされました。プレー中の笑顔は〝スマイリングシンデレラ〟として海外でも注目され、ゴルフを知らない我が息子ですら「いつも楽しそうに笑ってるね」と、その姿に魅了されていました。

しかし、そのことで彼女を取り巻く環境は一変しました。一夜にしてスーパースターとなりましたが、良いことばかりではありません。昨日は何を食べたとか、明日の服は何だとか、何のための記事だろう？　と思うことまでメディアは話題にします。そして、プライベートにまで制限がかかってしまうのですから……。

また、勝手に周囲の期待が高まり、２位であったり、彼女らしくプレーしていないと喜んではくれません。たとえ好成績でも当たり前と思われるようになり、目指す山はどんどん高く険しくなります。世界のトップ選手たちが皆、その頂を目指して絶え間ない鍛錬をしているのです。どんなに頑張っても難しい時間が増えてくるのは明らかです。

とはいえ、彼女を見ていると、ゴルフのポテンシャルの高さはもちろんのこと、そのような心配が杞憂《きゆう》に思われてくるのです。何があっても冷静に受け止め、自分らしくそれを消化していく姿勢からは、彼女の「人間力」を感じます。「人間力」というと漠然としていますが、常に物事を明るくポジティブにとらえることができる力、失敗をバネにさらに高いところに飛んでいける瞬発力、そして目標に真正面から立ち向かう揺るぎない精神力。これらが彼女の「人間力」だと私は思っています。

マスターズを制覇した松山さんは「怒ることなくプレーできたのも大きかった」と語っていました。もちろん彼が怒る相手は〝誰か〟ではなく〝自分自身（のプレー）〟に対してのこと。

実は渋野さんも昔は試合中に怒りの感情が顔にずっと出ていたことがあったそうです。あるときそれを見た、アスリートでもあったお母さんから「あなたには笑顔が似合うから、いつも笑顔でいなさい」と言われたとか。渋野さんのあの心からの笑顔は、ギャラリーとの距離を近づけて味方につけ、国境をも超えた気がします。そして彼女自身、声援を自分の力に変え、さらにパワーアップしているように見えるのです。苦しいときでも楽しんでいるように見える姿は、我々にはとても新鮮でした。

意識して笑顔でいるように努めていると、継続によって自然に笑顔でいられるようになります。スマイルは後天的なものでもあるのです。つまり誰にでも習得可能な能力だといえます。そんな〝スマイリングシンデレラ〟の笑顔は、周りを気持ちよくさせるだけでなく、自らのプレーにも良い効果をもたらす武器となるでしょう。

世界ナンバーワンを目指す渋野さんの前途には、これからまだ急峻《きゅうしゅん》な山々がいくつも待っていると思います。アメリカツアーは移動時間も長く、およそ15ヶ国を回らなくてはなりません。加えて4日間の試合がほとんどです。そしてコースセッティングも難しい。しかし、そういった困難な状況が目の前にあればあるほど、彼女は挑戦的な気持ちになり、新しいモチベーションが生まれ、乗り越えるごとに新たな景色をどんどん見たくなるのではないでしょうか。険しい道のりが彼女をより強くすると信じています。

Chapter

6

見方を変えてみる

Episode 42

働く意味

情熱を持って挑む

コロナ禍で世界は大きく変わりました。働き方も、以前に戻ることはないのでは？　と思うほどの大転換期を迎えています。このように社会が変わろうとするとき、自分はなぜその仕事をしているのか、何のためにやっているのか、改めて自分の仕事と向き合う必要があるのではないでしょうか？

私は長年ツアープロとして戦ってきましたが、いかにハングリーでいられるか、ということと、いかにモチベーションを新鮮に維持していくか、ということに注力してきました。

私のやっている仕事は、プロとしていかに自分を前向きに律していくかという、その成否で歴然とした差が生まれます。チャレンジングな気持ちで一日を迎えるための環境作り。特にその原動力となる「心」の持ちようは大切でした。今日は何か新しい発見があるのではないかという、ドキドキ感が持てる自分であるように意識して、そのためにできることは何でも積極的に取り入れました。

幕末の志士、吉田松陰は「志」を人の源としましたが、「志」を見つけられない若者には、今やっていることに「誠」の心で取り組むように指導しました。

私にとって「誠」とはすなわち「一生懸命」です。

私がゴルフを始めた頃、３００球の練習が途方もなく長く感じたのは、目の前の球に「一生懸命」向き合っていなかったからでした。しかし、中学3年生で森先生と出会い、ゴルフの奥深さを知ると、一球一球が意味を持つようになり、ボールに気持ちを込められるようになりました。「私はこうやって打つけど、あなた（ボール）の答えは？」と対話し、結果を見てまたフィードバックをする。周りはほとんど大人ばかりで一人きりの練習でしたが、とても楽しくてワクワクしていました。

同様に、ルーティンワークに思える仕事ほど、気持ちの持ちようでその意味がガラリと変わるのではないでしょうか。「誰がやっても同じ」と思いたくなる業務でも、必ず工夫する楽しさがあるはずです。もし、1日5時間掛かるプロセスを見直して、30分早く終わる方法を見つけたら、週5日あれば2時間半、ひと月なら10時間以上、年間なら120時間（一日が8時間勤務なら丸15日分！）もの効率アップにつながります。しかも同じ作業をする人が10人いたら10人分です。わずかな工夫でも、これだけのインパクトを生み出せるのです。そしてなによりも心の状態が全く違うはずです。

明日はこうしよう！　というワクワク感は人生を明るくします。ただそこに存在するだけと感じるのは辛いことです。少しずつでも自分で考えるように心掛け行動すれば、達成感や視野の広がり、新しい学びがある。そんな日々のささやかな幸福が、働く喜びと結果の向上につながっていくのだと思います。

Episode 43

大切なものを失って大事なことを知る

父の死

あれはゾーンというより、ひょっとしたら幼虫が脱皮して、蛹《さなぎ》から成虫になる感覚に近かったのかもしれません。それは私が賞金女王を獲った1998年、シーズン終盤の「伊藤園レディス」での経験。

会場となったグレートアイランド倶楽部（172ページ参照）のグリーンは、この年はさらに硬く、超高速グリーンに仕上げられていました。下りのパットは、触っただけでグリーンから出ていくほどで、4パットや5パットが続出していました。

その年の6月、父がこの世を去っていました（154ページ参照）。父はいつも同じ場所にいて、たとえ年老いても、私にとっては常に安心でき、味方になってくれる存在でした。一番身近にいた人がこの世からいなくなったショックは計り知れなく、人の命が有限のものであることを実感しました。

そのときは、父の死より怖いものはない。そんな開き直りがありました。だから私は、コースコンディションによる怖さなどみじんも感じなかったのです。人生で与えられた時間は限られているのに、何を恐れて生きているのかと……。ミスをしても全く動じない自分がいて、最後まで攻めきっていたのです。これまで安全策を取り過ぎていた自分が馬鹿らしく思え、弱気な心はすっかり吹き飛んでいました。

不思議と「外したら……」という怖さはなく、外れてもしっかり切り替えができていました。かなり強気で躊躇なく打っていたのでしょう。自分ではミスパットだと思っていたのに入ってくれることもあり、１０８ミリのカップは意外と大きいのだと、そのときは本気で思いました。どのショットも映画のスローモーションのような感覚で、スイング中に「あ、ちょっと違うな」と思っても、すぐアジャストできる。舞台でも見ているかのように、遠くから俯瞰している自分がいたのです。同組で回った選手のプレーもじっくりと、大勢のギャラリーと一緒に楽しみながら待っている感覚。とても心地よく、明日も試合をしていたい、そんな気持ちで、終わってみれば2位に11打差をつけていました。

考えてみれば、私たちの日常は些細なことにとらわれている時間が多いのかもしれません。そのせいで本当に大事なことを見失いがちです。これ以上ないほどの喪失感が、そうした日常の「自分を縛っていたもの」から心を解放し、本当に大事なことだけを教えてくれたのだと思います。

父の死によって自分まで生まれ変わったような、頼もしい父が心の中に入ってきてくれたような感覚でした。もう一度、結果を恐れずに挑戦するピュアな気持ちになれ、まるで重い鎧《よろい》を脱ぎ捨てて、自由に動けるようになった気分でした。小さい頃からいつも身近にいた、絶対的で一番のサポーターがいなくなって、いよいよ自分で頑張らなくてはとの自覚と共に、強くなれた気がします。気の持ちようで人間は弱くもなる。でも本来、とても強い生き物なのだということをこのときに強く思いました。この優勝で、私は賞金女王になることができたのです。

Episode 44

心の断捨離

必要なものを考える

将棋界では藤井聡太さん（※藤井○段と言ってもすぐに昇段してしまうので……）が大活躍されています。彼の表情は穏やかですが、頭の中は目まぐるしいスピードで次の一手を考えているのでしょう。将棋の長考は30分や1時間、ときにはそれ以上続きます。ゴルフもプレー時間が長く、考えることは多いですが、ショットの合間はリラックスに努めたりもします。一方で将棋の対局は、昼食をはさんで夜まで続いたり、２日間に及ぶこともあります。いったいどんな頭の中になっているのか、本当に見てみたいと思うのです。

永世棋聖の米長邦雄《よねながくにお》さんがある対談で、江戸時代に作られた一冊の本の話をしていました。その本には詰め将棋の傑作２００題が収録されていて、最高は６１１手詰め。何年も掛かってすべて解いたという米長さんは、「これを全問解いたらプロになれる」と若手たちにも勧めました。ところが、あまりの難問続きに「こんな場面は実戦で出てこないから意味がない」と途中で辞めてしまう人もいたとのこと。その中で、若手の一人だった羽生《はぶ》善《よし》治《はる》さんは、「先生、あれには大変な意味が隠されていますね。毎日将棋を考えているということが大事で、その情熱を失わないことが大事なんですね」と言いました。米長さんが「いつそれに気付いた？」と尋ねると「18か19のときです」と。やはり、この男は違うと思ったそうです。

とはいえ、そんなにストイックに考え続けられる人は多くありません。昔はモノを大切に「とっておきなさい」という時代でしたが、今は「断捨離」がブームになるほど、モノや情報があふれていて「捨てましょう」という時代。足りないものの中で考えてやりくりし、なんとか突破口を見つけていたのが、現代はいかに余計なものをリリースするかというように変わり、「断捨離」という言葉がちまたで聞かれるようになりました。忍耐力を養うのも、難しい環境なのかなとも思います。

多くのモノに囲まれて、手元には大変便利なスマホもある。ついつい「今しなくてもいいこと」をしてしまい、時間を無駄に費やすこともあるでしょう。かく言う私も、なかなか時間が作れなくて一日があっという間に過ぎてしまいます。夫に「趣味がないね」と言われますが、それでも、何かやっていないとダメな性分。日々を気持ちよく過ごしたいというのが常にあり、ちょっとした日常生活のプラスアルファを考えるのが私にとっては趣味と言えます。

家にあるもので新しい料理に挑戦したり、調味料にこだわってみたりする。生活動線を改善したり、部屋の模様替えをしてみたりする。私は部屋を片付けるとき、空白を残すように心掛けています。大切なモノが埋もれてしまわないように、いらないものはなるべく手離す。そんな作業をしていると、ふと断捨離は行為ではなく、自分の人生を考えるための手段なのではないかと思いました。時には感傷的になり、いらないものが捨てられないときがあります。そんなときは捨てられない理由はなんなのかと考える。もしかすると片付いていないのは部屋ではなく、自分の心なのかもしれないなどと、一つひとつのモノを手に取りながら気付くのです。

Episode 45

逆境を力に変える考え方

雨を楽しむ

15歳9ヶ月で「日本女子アマ」を初優勝したとき、最終日はどしゃ降りの雨でした。他の選手が悪コンディションに苦しむ中、ただ一人すいすいとアンダーパーで回って2位に6打差をつけての勝利。ですが、最初から雨が好きだったわけではありません。私に雨の楽しみ方を教えてくれたのは、その週、この世に別れを告げてしまった母方の祖父でした。

小さい頃の私は、やんちゃだけれど身体が弱く、不整脈もあり一ヶ月くらい熱が続くこともありました。そのため、あまり激しい運動はできないだろうと、小学4年生のときに、祖父がゴルフを勧めてくれました。父と母も「みんなでやれるし良いのでは？」と賛成したのが、私とゴルフの出会いです。

祖父はどんな状況も楽しみに変えられる人でした。正直に言うと、ゴルフはあまり上手ではないのですが、いつもあんなに楽しそうにプレーする人は見たことがありません。当時のクラブはヘッドも小さかったので平気で空振りをし、「道子、ボールはどこへ行った？」「まだ、ティの上に！」、「そうか、あっはっはっは」という感じです。それに祖父は練習も大好きでした。

ある夏休みの暑い日でした。雨の中で祖父に付き合いバンカー練習をしたことをよく覚えています。祖父は雨に濡れるのも厭《いと》わず、嬉々として練習していました。私も仕方なくやっているうちに、終わったらシャワーを浴びればいいやと開き直り、雨で砂が締まったバンカーショットのコツを発見できたりして、だんだん楽しくなってきました。

同じ状況でも、心持ちによって見え方は変わります。特にゴルフはメンタルスポーツ。嫌だと思った瞬間にリズムが崩れて悪循環に陥ってしまう。どうせ同じ時間をプレーするのなら、腹を決めて楽しんだ方がいい。どんな状況でも楽しむスイッチの存在を祖父が教えてくれたのでした。雨が嫌だと思ってしまうと、身体が縮こまったり、せかせかしたり、雨を避けようとプレーが速くなったりして、スコアが3つは違うと思います。

私はそんなとき、開き直って傘に当たる雨の音に耳を澄ますようにしています。雨の音もいろいろなリズムがあり、それを聞いているとなんだか心が落ち着いてくるのです。

「日本女子アマ」の最終日、ゴルフのアドバイスはあまりしない母から「明日は雨の予報だから、傘は左手で持ちなさい」と言われました。右利きなので、右手が強くなり過ぎるとバランスを崩してしまう。それだけを守って戦っていましたが、雨に濡れたバンカーを見ると、あのときの祖父との練習をふと思い出したりもして、その日はなぜか心穏やかにプレーできたことを記憶しています。

祖父の訃報を聞いたのは、試合が終わった夕方、先輩たちと新幹線で名古屋へ帰る途中のことです。突然の死を現実として受け入れるのが怖くて、どこか逃避している自分がいました。

お通夜がそのまま優勝報告になりました。遺影は優しい微笑みをたたえていて、まるで「よかったね」と語りかけてくれているようです。「あぁ、おじいちゃんが見守ってくれていたんだな」と実感しました。「今日は雨だったけど、私にだけ傘を差していてくれたのかな」と、今でも雨が降るとなんだか心が落ち着くのです。

Episode

46

正しい負け方

敗因は最終日より前にある

ゴルフ界でメジャー大会最多となる18勝を挙げているジャック・ニクラスさんは、「1位で終わるためには、何度も何度も2位を続けていなければならない」と言っていますが、その言葉通りに2位で終わった大会も19回と最多です。ゴルフの世界では、勝つことよりも負けることの方が圧倒的に多いので、正しい負け方、その受け止め方が上手くなければいけません。２０２０年に亡くなった元プロ野球監督の野村克也さんは、「勝ちに不思議の勝ちあり、負けに不思議の負けなし」と語っておられました。

私がプロデビューした頃はなかなか勝てずに惜敗ということが多かったのですが、最終日に１打差で負けるような試合でも、敗因はそのずっと前にありました。前日の安易な３パットや、初日のやってはいけないマネジメントミス。もしくは試合が始まる前から抱えていた不安や、勝負に挑む心構えなどがそうです。パーンと打った球が風で落とされてバンカーで目玉になった……などは許せますが、自分がコントロールできるものをミスすると、流れを変えてしまいます。それだけは絶対に避けなければなりません。

時には相手にだけ勝利の女神が微笑んでいるように感じることもありました。ミスショットが岩に当たり、跳ね返って戻ってきたり、寄せるのも難しいアプローチがカップに直接入ってしまったり……。そうした偶然に見えることも、普段の行動に運や流れを呼び込む何かがあるのでしょう。また、元々の練習で高めた精度がなければチップインの確率も上がりません。勝ち続ける人というのは、目に見えないところで地道な努力や緻密な準備を重ねているのです。そして何より心の持ちようが違います。その違いはどこにあるのか？　という問い掛けを持つことが大切です。

「PDCA」（P＝プラン［計画］、D＝ドゥ［行動］、C＝チェック［確認］、A＝アクト［改善］）という、業務を見直す手法がありますが、ゴルフはそれを試合ごとに行うイメージです。考える時間が長いので、試合が終わる頃には、ほぼ敗因は整理できています。もちろん不甲斐ない自分に腹を立てることはありますが、各試合の見直しをするということは、次の試合に向かうための重要なステップです。

勝負は勝負、ゲームはゲーム、優勝者は優勝者として、それまでやってきたことを笑顔で褒め称え、自分は「次は絶対にそのミスはしないぞ」と一つずつ克服していくこと。とはいえ、頭では分かっていても、現実は甘くありません。せっかくベッドに入っても、何度悪夢にうなされて目を覚ましたことか（笑）。

Episode 47

勝って兜の緒を締め直す

おめでとうの落とし穴

時に祝福は人間を堕落《だらく》させます。

努力してつかんだ成功の余韻に浸るのは良いけれど、ずっとそれに浸って謙虚さを忘れたら、目標や本質といった、本来見えるはずのものまで見失ってしまいます。

「おめでとうのシャワー」で慢心して、ダメになってしまう人は残念なことに多く見られます。勝ったときも負けたときも、切り替えが大切です。

私は当時にしては珍しく小さい頃からゴルフをし、成績にもつながっていたので、必要以上にマスコミに取り上げられることがありました。

母には「おごらないこと。〝実るほど頭《こうべ》を垂れる稲穂かな〟」と、口を酸っぱくして言われました。負けたら悔しくてすごく反省するけれど、勝ってそれに乗っかり過ぎると成長がない。周りに祝福されていると、どうしても心の中がずっと「おめでとう」のテンションになってしまいます。母は私が調子に乗りやすいタイプだと知っていたので、そうならないように厳しく諭してくれていたのです。

幸い、高校の1学年先輩で、水泳の自由形でロサンゼルスオリンピックに出場した中森（水野）智佳子さんなど、周囲には切磋琢磨して刺激し合える人たちが大勢いました。それに、いつも学校の帰り道にグラウンド脇を通ると、ソフトボール部員たちが炎天下でとてもハードな練習をしているのです。あの練習を見ると、いつも身が引き締まる思いでした。私はまだまだなんだと……。

「勝って兜の緒を締めよ」と言いますが、そういう気持ちでいないと次のステージには進めません。昔、ジャンボ尾崎（将司）さんは、優勝してトロフィーを掲げた瞬間は嬉しいけれど、下ろしたときには冷めていると言っていました。私は前述のように、学友たちが常にトップを目指している環境があったので、次の日には自然に気持ちがリセットできていたのは幸運でした。

「さすがだね」と言われてその気になり過ぎると、そこで進歩が止まってしまいます。褒められたときこそ要注意。顔では笑って祝福を受け止めても、心の中ではスッと切り替える習慣を身に付けておきたいものです。

Episode

48

いつも誰かが見ている

賞金女王の舞台裏

賞金女王は、プロになって絶対に一度は獲りたいタイトルでした。30歳となる1998年シーズンは、オフにアメリカ人の新コーチにつき、カリフォルニア州パームスプリングスでの仕上げ合宿を経て、「今年はいける」という手応えを強く持って迎えました。賞金女王は獲れるときに獲らないとチャンスは何度も巡ってきません。結果的にタイトルを獲ることはできましたが、その道程は思いもよらないものでした。

3月から始まった新シーズンは序盤から2勝を挙げる好調な滑り出し。「今年、女王を獲らなくて、いつ獲るんだ」と気合も入っていた矢先、4月末に父が階段から落ちて骨折し、その前からずっと体調も悪かったこともあり、そのまま入院。検査の結果、骨折どころか重篤なステージ4の大腸がんであると診断され、余命2ヶ月と宣告されました。

父は医師だったので、自分の状態はある程度本当のことが分かっていたと思います。しかし、もう手の施しようのない状態だったので、家族での話し合いの結果、病名は伏せたままにすることにしました。このまま試合を続けていいのか心が揺れましたが、妹と弟が父に寄り添うことになり、私は毎週月曜日にお見舞いに行きながら、試合に出続けました。もし私が試合を休んだら、父は自分の死期が近いことを悟ってしまうかもしれないと考えたからです。

しかし、良い成績を父に報告して喜ばせたかったのですが、成績は芳しくありません。その頃は連日、原因不明の38度弱の熱が出て予選落ちが続きました。

そんな6月のあるどしゃ降りの日、父は宣告された余命通りに亡くなりました。自宅から一番近い三好カントリー倶楽部で開催される「日本女子オープン」前週の日曜日でした。そこは父が毎日散歩に行くゴルフ場で、何年も前からこの大会をとても楽しみにしていました。そんな思い出の詰まったゴルフ場だっただけに、私は気持ちがついていけず、土壇場で欠場を決めました。父の葬儀は大会が始まる2日前に行われ、コースから家まで車で10分ほどだったこともあり、先輩や友達の女子プロたち、関係者の方々も大勢参列してくれました。父は人が大好きで、みんなに会いたかったからその日にしたのかなと思うと、ほんの少しだけ心が楽になりました。

葬儀では弟が喪主を務めました。私がアメリカの大学に行ってから、弟とはほとんど会う機会がありませんでしたが、弟の成長を感じ、私も長女としてしっかりしないといけないのだと、強く思いました。それでも、しばらくは父の死を真正面から受け止められず、仏壇のある自宅の2階には上がることができませんでした。試合のないオープンウィークも重なり、気持ちの整理をつけるために試合からは一ヶ月ほど離れました。

親の死に対してどう向き合うかは、誰もが直面する問題です。私の場合、私自身の活躍を亡き父に見せることが、父の死を受け止めるための第一歩だったような気がします。復帰に際して「今年は絶対に賞金女王を獲らなくてはいけないんだ」と、気持ちを新たにしていましたが、「勝ちたい、勝ちたい」と頭だけが先行すると、ちょっとした不調で自分を責めてしまいます。父への想いにふけってしまうこともあったので、自分を見失わないようにするのにも必死でした。

ゴルフは短距離走と違って競技時間の長いスポーツです。その分、心がプレーに影響する要素も多い。ですから結果はひとまず脇に置いて、普段やるべきトレーニングや基本的な事柄に一つひとつ集中することにしました。

復帰6戦目となった9月のメジャー大会「日本女子プロゴルフ選手権」で優勝することができましたが、それは母と妹、そして私の誕生日が重なった週でした。単なる偶然かもしれませんが、まるで父からのプレゼントのように感じました。

誕生日に優勝したり、父が亡くなった年に賞金女王を獲ることができたりと、なぜか私はそんな偶然が重なることが多いのです。長年勝負事をやってきたからか、私はそこに余計にメッセージ性を感じて「頑張れよ」というサインだと受け取っています。

Chapter 7

失敗は成功の一部

Episode 49

ダメだったらそのときに考えよう

走りながら学んだ大学生活

不格好でも前進すれば道が拓けていく。

あと先考えずに過ごした4年間の〝教え〟はそれだったかもしれません。

アメリカに留学していたとき、とにかくテキサス大学での勉強には苦労しました。高校1年から毎年、夏休みにホームステイをしながらアメリカの試合に出ていたので、英語は簡単な日常会話くらいはできましたが、大学の授業についていけるレベルでは到底ありません。また、アメリカの高校生にとっては常識であるような歴代大統領の名前や業績も、改めて最初から勉強しなければならなかったですし、日本とは異なる政治の仕組みも一つひとつ用語から覚えなければなりませんでした。

ゴルフに役立つと思って生理学・生体力学も取ってみたものの、専門用語が難しくて、テキスト1ページを読むのに、辞書を引きながら30分掛かっても終わらないことも。慣れないうちは英語での早口の指示についていけず、教室が変更されたことも分からずに、誰もいない教室でひとり待っているとか、そんな珍道中ばかりでした。

ゴルフは1試合あたり学校を1週間ほど休むので、テストを乗り切るためには休んでいる間の授業のノートが必要で、誰かに借りなければなりませんでした。そんなときはまず、最後尾の席に座り、全体を見回しながら、しっかりノートを取っていそうな人を探します。それから、授業中の質問内容や持っている本を見て、真面目に勉強していそうな人、頭の良さそうな人と交渉するのです。アメリカはアスリートに対する理解が深く、アスリートが活躍すると大学の価値も高くなるという考えが浸透しているのか、ノートを貸すことに協力的な人が多かったのは嬉しくも意外な発見でした。でも、個性的な字を書く人が多かったので、せっかく借りたノートを読むのに苦労する、なんてことも少なくありませんでしたが。

最初の1年は、毎日図書館がクローズする24時の5分前まで勉強し、寮に戻るという生活でした。とにかく要領良くやらないとついていけません。ちなみに、私は黒板から目を離さずにノートに書き写すのが得意でした。アメリカ人はパッと黒板を見て、センテンス(文章)を書けますが、私は目を離すとどこを書いているのか分からなくなってしまうので、黒板を見たまま目を離さずに一気に書くんです。

とにかく立ち止まらずに学んでいました。いつも家にはベーグルがストックしてあり、好きなジャムやピーナツバターを塗って、小腹が空いたときのために持ち歩いていました。

準備も簡単で手を汚さずにどこでも食べられ、栄養価も高く、お腹も膨れる。私の大学時代のマストフードでした。それから、授業について先輩がいろいろとアドバイスをくれたり、英文レポートを校正するチューターを付けてくれたりと、大学のアスリートに対する手厚いサポート体制には本当に感謝しています。すべてが新鮮だったので、苦労を苦労と感じずに走り続けることができました。「ダメだったらそのときに考えよう」精神は、この時期に養われました。

人は本当に追い込まれると、なりふり構わずに目的だけを見つめて動けるようになるのだと思います。周りの目を気にしているうちは、まだ必死さが足りないのかもしれません。ゴールが明確になったら、あとはそこにたどり着く手段だけの話。周りを気にせずひたすら突き進む。今の私の人生、そしてゴルフのベースとなっているのは、間違いなくこの濃い4年間の経験が大きいです。

Episode

50

決まりを破る

新たな世界の見つけ方

人は何かを捨てないと新しいものは得られないのかもしれません。

以前、友人に連れられて太平洋に浮かぶパラオ共和国まで、ダイビングに行ったときのこと。青い海の中を何十メートルも潜っていくと、水面からはあまりに遠く、景色がまるで違っています。そのとき、「こっちが本当の地球かしら?」という不思議な感覚を味わいました。自分が思っている世界は、思っているほど絶対じゃない。ちょっと角度を変えてみるだけで、これまでとは全く違った世界が見えてきたのです。

私は27歳くらいから、調子は悪くないものの「勝てない2年間」がありました。ゴルフに対する新鮮味を失っていた時期であったと思います。どうすればいいか悩んでいたところ、以前からお世話になっていた方に、「一流のものに触れないとダメだ」と助言されました。それまで、休日は当たり前のように身体を休めることに終始していたのですが、その言葉に従い、思い切って休み方を変えてみることに。外に出て、歌舞伎や狂言、相撲、絵画など、一流の本物に触れてみることにしたのです。すると、そこに存在する緊張感、厳しさ、真剣さを目《ま》の当たりにして、血が騒ぐような興奮が湧き起こりました。外の世界に目を向けたことで、ゴルフまで再び新鮮な気持ちで見られるようになったのです。

現在、ゴルフ界に旋風を巻き起こしている*ブライソン・デシャンボー選手は、ツアーでただ一人、全番手が同じ長さのアイアンを使っています。周囲の疑念の目に負けず、そして、大胆な筋力アップで圧倒的な飛距離も手に入れました。始めるときにはあれこれ言われましたが、やり切ってしまえばヒーローです。たとえ失敗したとしても、それは貴重な情報であり、学びになります。彼なりの方法で一からゴルフを考えて、その信念に従って行動を起こしたのです。

そんな体験は、なにもアスリートの世界に限った話ではありません。日常生活でも、これまで話したことがない人に自分から挨拶してみる、一度も通ったことのない裏道を歩いてみる、気になっているけど入ったことのないお店の扉を開けてみるなど。ほんの些細なことが大袈裟《おおげさ》に言えば、世界を変えるチャンスです。わずかな勇気があっと驚く結果をもたらすかもしれません。毎日のドキドキやワクワクにつながる小さな勇気が習慣になれば、より大きな挑戦にも怯《ひる》まなくなるはずです。

一日一つ、小さな常識を捨ててみる。
それだけで、新しい世界が見えてきます。

気が付いたら1年後、あなたの世界は今とは全く違ったものになっているかもしれません。

＊ブライソン・デシャンボー：（1993〜）アメリカのプロゴルファー。2020年、全米オープンでメジャー初優勝。コロナ禍でツアーが中断している間にも肉体改造を行い、驚異的な飛距離を出すようになった。

Episode

51

チームは何のためにある？

「気」を高める

どんな仕事も一人ではなく、仲間や、いろいろな方とのやり取りの中で進めていきますが、私も現役時代はチームを組んで試合に臨んでいました。

今でこそ少しは周りに気を遣えるようになりましたが、若い頃は本当に余裕がなく、周囲に対してバリアを張って厳しい印象を与えていたのではないかと思っています。

当時は毎週、戦場にいるような日々でした。優勝と2位の差は紙一重だと思うので、「気」というものが大切です。「気」と聞くと、かなり漠然とした印象を受けるかもしれませんが、個々がどのようにその仕事に向き合っているかという気持ちのつながりのことだと考えています。同じ方向を向いていないと良いものは生まれないので、チームでしっかりとコミュニケーションを取ることが大切です。

特にゴルフはプレーとメンタルが直結するスポーツ。同じチームにモチベーションの低い人がいると、勝手に寂しく嫌な気持ちになってしまうことがありました。お互いプロとして活動している以上、あまりにもその自覚がない言動が見られると残念に思ってしまうのです。プロであるのならば、チームが最大限の力を発揮できるように個々が同じベクトルで努力することが大事です。

今ならば、チームメンバーが疲れた顔をしていたら、もしかしたら何か事情を抱えているのかもしれないと配慮することができるのですが、当時はそこまで考える余裕が全くありませんでした。私は優しいねぎらいの言葉を掛けたりせず、自分の意見だけをストレートに伝えていました。言葉も直接的過ぎたかもしれません。私自身、確固たる強い意志が持てず、自分の甘さに立ち向かえていなかったので、自分までその弱い力に侵されてしまうように感じていたのです。

そんな時代を経て今があります。現役を引退し、ゴルフ以外の経験もたくさんさせて頂き、いろいろな角度から物事が見られるようになったおかげで、多少は余裕が出てきたと思います。しかし、同じ時間を過ごすなら、プロとして発見も発展もない活動ならばやらない方が良いと思ってしまうのは、今でも変わりがありません。

Episode

52

いつも完璧、なんてない

失敗を伝える

小学生の息子とは性格が似ているのか、よくぶつかります(笑)。約束事は守ってもらいたいと思うのですが、嫌だとなるとかたくなに動きません。宿題を終わらせてから遊びに行けば良いのに、それを説得するのに1時間も掛かったり、少し前までは「7＋2は僕は

8でいいんだ！」と頑固に譲らなかったりしてそれはそれは厄介でした（笑）。口が達者で挙げ句の果てに、「ママ、分かってないね。喧嘩するってことはね、仲がいい証拠なんだよ」と、理詰めで来られるのでまたカチンときます（笑）。特に男の子は私には分からないことだらけで、夫の通訳が必要です（笑）。やっぱり子育ては難しい。

それでも、愛情は伝わるようにしたいですし、子供には早く自立してほしいと願っています。また、失敗を恐れず何事にもチャレンジしてほしい。そこで私は、いつも自分の失敗談を積極的に話すようにしています。失敗しても大丈夫だということ、失敗して何かを得ることが前進することだということを伝えたいのです。失敗して笑われるのは悪いことではありません。次に同じ局面に立ったときには、違う対応ができるはずです。

私が息子に話したのはたとえばこんな失敗談。「全米女子オープン」に出たある年のこと。アメリカ東海岸にある、空港からも遠いゴルフ場だったので、丸一日掛けてようやく私はホテルにたどり着きました。疲れ切っていた私は、お風呂に入ると湯船が浅いこともあり、なるべくフラットになるよう体を伸ばして入っていました。しかし時差もあり、なんとそのまま寝入ってしまったのです。気付いたら下の階を水浸しにしていて、警察官やホテルスタッフが4〜5人ほど、何も着ていない状態の私の部屋に突然入ってきたので大慌て。ペナルティフィーも450ドルくらい支払いました。それを聞いた息子は、「ママ、アメリカ人に裸を見られちゃったの?」と大笑いしましたが、「そうなのよ」と少しでも失敗に対する免疫力がつけば良いなと、私も一緒に大笑いしていました。

そんな教育(?)の成果なのか、最近は私がため息をついていると、息子はこう言います。「ママ、人間でしょ。いつも完璧な日なんてないんだよ!」。きっと真意は分かっていないと思いますが、本人がどこかでその言葉を思い出すことがあれば、失敗を恐れず、何事にもチャレンジできるのではないかと願うのです。

Episode 53

引退を決めたひと言

節目の雨

30歳で賞金女王を獲ったとき、ふと「もうゴルフはやり切ったかな」という思いが浮かびました。やるからには全力でやりたいけれど、次の目標に対していまひとつギアが入らず、100%の情熱を持ってゴルフに向き合うモチベーションが、なかなか見つけられなかったというのが正直なところでした。

それと、良いときに辞めたいという思いもあり、「このまま続けてもいいのだろうか」と自問自答しながらプレーしていました。身体は丈夫で痛いところはないし、多くの方々や、スポンサーも応援してくださっている。気持ちは宙ぶらりんのままでも新しいシーズンは必ずやってくるので、〝自分なり〟に懸命にゴルフと向き合うという感じでした。

その後40歳も近くなり、振り返れば10歳でゴルフを始めてから約30年。怪我もなく毎シーズン、ゴルフに人生を捧げてきました。年に約250日はゴルフをし、シーズン中に家に帰るのは月にわずか。3食外食のホテル暮らしがずっと続きます。そんなとき、孤独なツアー生活でふと気持ちが折れてしまいそうになることもあり……。そうなると負の連鎖の勢いは凄まじく、戦うものとしてはそれが一番怖いことでした。

あるとき、母の先輩で私のことをジュニア時代から知っている70歳過ぎの女性の方とプロアマでご一緒する機会がありました。そのとき「道子ちゃん。ゴルフも確かに素晴らしいけど、あなたはいつまでその白いボールを追い掛けているわけ?」と言われたのです。きっと彼女は、ゴルフに対する情熱が感じられず、視野が狭くなっていた当時の私について、その後の人生を心配してくれたのだと思います。今まで激励の言葉は数多く頂きましたが、誰も「ゴルフを辞める」ことについて言及する人はなく、この意外な言葉が一つのきっかけとなり、当時抱いていたゴルフに対する自分の正直な気持ちが見えてきました。

誰でも、長く続けてきたことを辞めるのには勇気がいります。私がゴルフのない生活を考えられなかったように、ずっと打ち込んできた仕事や活動を自らの意思で辞めるのは、おそらくどんな人でも悩むでしょう。私の場合は、先の言葉によって、「もう次のステップに進んでもいいんだ」と、心の奥に前向きな小さな光が灯りました。その瞬間が、引退を決意したときだったのです。

ほどなくして、夫と出会って結婚しました。同年に17年連続で守ってきた賞金シードから陥落。とはいえ、私には十分な達成感がありました。

現役最後の試合は結婚から3年後、２０１２年の「日本女子オープン」です。家から近い横浜ＣＣでの開催でした。試合期間中は台風が来て、傘がさせないほどの雨風です。ゴルフ人生の節目となった「日本女子アマ」も、プロ初優勝も最終日は雨。この人生最後の試合もやはり雨でした。とんでもないスコアになってしまいましたが、今ではそれも大切な思い出です。

Episode 54

死ぬまでチャレンジャーでいたい

プロセスに注目する

プロツアーを引退して10数年経ちましたが、日々チャレンジャーでありたいという気持ちは変わっていません。むしろ、新しい世界に触れて自分の無知を痛感したときの「もっと知りたい」という衝動は年々強くなっています。

若いときはチャレンジ精神にあふれているもの。しかし年齢を重ねるうちに、伸び悩みやマンネリの影響で、勢いやモチベーション、ハングリーさが削がれていってしまうことがあります。私は30歳を前にして身体的な衰えを感じ、ゴルフに対する新鮮な気持ちを失っていました。成績はそこまで悪くないのですが、自分の中では毎日毎日、どこか流れ作業をやっているように感じていました。何かを変えなくてはいけないと思っていた矢先、アメリカ人メンタルコーチの*ジョー・ティールさんと出会いました。

ティールコーチは何人かの日本選手のコーチとして来日していて、私はそこで幸運にも食事をご一緒する機会がありました。そのとき話された「一番大切なのは常にチャレンジすることだよ」という言葉が私の心に突き刺さり、もう一度挑戦者として、純粋な気持ちで戦いたいと、彼のチームにジョインさせて頂くことになったのです。

彼は「自分の思ったことに真摯に取り組めたか」、「最後までやり抜くことができたか」といったプロセスを重視します。ゴルフは毎日スコアという結果が出るので、私はその結果によって、自分の人格まで評価されてしまうような気がしていました。しかし彼は結果を全く気にしません。１００％の気持ちで取り組めたら「本当によく頑張った」と褒めてくれ、「いつかこれから絶対に君だけの綺麗な花が咲くから」と勇気づけてくれます。一方で、「連続ボギーのときは何を考えていた？」とか、「ショートしたパッティングはどういう気持ちで打った？」という具合に、消極的なプレーについては、その心を探るフィードバックを繰り返しました。

長年プレーをしていた弊害なのか、それまでは、たとえば前半を4アンダーで回ったら「また明日、得意の前半で頑張ればいい」と守りに入って、後半はパーが続いたりしていました。しかし、ティールコーチは「前半4アンダーが出たなら、後半も4アンダー以上出せるかもしれない。攻めた結果、4オーバーでもいいじゃないか。チャレンジすることが素晴らしいことなんだよ」と言って、私の攻める気持ちに火を点《つ》けてくれました。実際に意を決してやってみると、4オーバーすることはほぼありませんし、逆にびっくりするほど良いスコアで終えたことが何度もありました。恐れていたパットも「入る、入らないは関係なく、君の仕事は自分が思ったストロークをすることだ」と言われ、結果に一喜一憂しなくなりました。やるべきことに集中すると、自然と怖さが消えたのです。

ティールコーチの指導は、迷いや怖さから目を背けず、正面から向き合うことに始まり、実戦のトライアンドエラーによるフィードバックを通じ、その選手に合った対処法を構築していくやり方でした。この作業によって私はプロセスがいかに重要であるかを気付かされました。そして、それによって自分を俯瞰的・客観的に観察する力が付いたのです。

かつての私は、目先の結果にばかりとらわれて、今立っている自分の足元を見失っていました。その挙げ句、大事なことが見えなくなったり、余計なものが大切に思えたりしていました。しかし、やるべきことが明確になると、生活もシンプルになって心が落ち着きます。チャレンジャーの心境になると、明日が来るのも楽しみになります。

私の大好きなファッションデザイナーのココ・シャネルさんは、晩年になってこんなことを言っています。

「私のような大学も出ていない無知な女でも、まだ道端に咲いている花の名前を一日に一つくらいは覚えることができる。一つ名前を知れば、世界の謎が一つ解けたことになる。その分だけ人生と世界は単純になっていく。だからこそ人生は楽しく、生きることは素晴らしい」

どんな結果になろうとも萎縮せず、常に自分を高めるための挑戦をしたい。私も人生最後の日まで、そんなふうに生きたいです。

＊ジョセフ・W・ティール：（1948年〜）米国プロゴルフ協会マスタープロフェッショナル。インターナショナルゴルフアカデミー校長。1969年、トーナメントプロよりティーチングプロに転身。90年以後、世界中のゴルファーを指導してきた。

Episode

55

これからの日本人アスリート

そのままで大丈夫

元世界ランク1位で、現在は日本ツアーでプレーしている韓国人の*申《シン》ジエさんが、かつてこんなことを言っていました。「韓国では何事も一番にならないと認めてもらえないけど、日本では2位も3位も認めてくれる。本当にありがたいことです」。

現在、女子ゴルフ界を席巻しているのは韓国人選手たちです。世界ランクトップ10のうち5人が韓国人で、残り5人の中に韓国系アメリカ人と韓国系オーストラリア人が１人ずついます（２０２１年2月時点）。彼女たちの多くは個で動く欧米の選手たちと違って、家族を背負い、片道切符でアメリカに来て、崖っぷちを歩いているような覚悟があります。韓国ツアーからいきなり来て、すぐに「全米女子オープン」に勝ったりもします。厳しいナショナルチームで磨かれた技術力と精神力、そして同胞の活躍による相乗効果。強いプロ意識も相まって、その強さは盤石に思えます。

一方で、最近の日本人選手にも、世界でトップを獲れるポテンシャルの高い選手が増えてきました。*畑岡奈紗《はたおかなさ》さんや渋野日向子さん、*笹生優花《さそうゆうか》さんがその筆頭です。三人に共通して言えるのは、下半身や体幹がしっかりしていて身体に厚みがあることです。アメリカの粘りっこい芝にも負けないパワーが彼女たちにはあります。これならタフなアメリカツアーでも負けないだろうと思いました。

自分の慣れた環境は居心地がよく、気がつけばその快適さに安住してしまいます。だからこそ、世界を目指すのならば、早く厳しい環境に飛び込んだ方がいい。英語が話せなければ、アメリカツアーを楽しむこともままならないし、選手たちとも距離ができて孤独になり、成績にも響きます。技術や体格で対抗できる選手が多く出てきているのだから、いち早く海外で経験を積んで、ゴルフだけでなく、人としても多くのことを学んで豊かな人生を歩んでほしいと思うのです。

もし私が、現役時代の自分にアドバイスをするとしたら、「そのままでも大丈夫だよ」と言いたいです。当時の私は弱さを人に見せたくなくて、必死に肩ひじを張っていました。今振り返ると、そうしなくても結果に大差はなかったと思います。素直にありのまま、どんな自分も認めることができていたら、もっと自分らしく生きられたように思えるのです。好きなこと、やりたいことがあるときは、あえて力を抜いて、シンプルに心の声に耳を澄ますのが大切なのだと思います。貴方は貴方らしく……。

＊申ジエ（申 智愛）：（１９８８〜）韓国の女子プロゴルファー。韓国では２００６年から３年連続賞金女王に輝き、09年にはＵＳＬＰＧＡツアーでも賞金女王に。ＪＬＰＧＡツアーで23勝、韓国で20勝、ＵＳＬＰＧＡツアーで11勝の成績を誇る。

＊畑岡奈紗：（１９９９〜）２０１６年、アマチュアとして日本人史上最年少でメジャー優勝。プロになってからは、日本女子オープン３勝を含むＪＬＰＧＡツアー５勝。ＵＳＬＰＧＡツアー３勝。２０１９年には樋口久子以来（１９７７年）となる史上２人目の同一年度日本タイトル二冠を達成。

＊笹生優花：（２００１〜）はフィリピン生まれ、東京都出身。早くから世界のジュニアやアマチュアの大会で活躍。２０２０年にＪＬＰＧＡに入会。21年には19歳で全米女子オープンで優勝。

Episode

56

夢がなくても

プロ生活18年

アマチュアとして10年、プロとして18年を競技ゴルフに費やしました。年齢を重ねるにつれて同世代の仲間の数は減っていき、勝てない言い訳を探そうとすればいくらでも見つかります。ゴルフは個人スポーツなので、現状に満足してしまった瞬間に成績は一直線に落ちていきます。今振り返るとあっという間のような気もしますが、自分自身と戦い続けた18年でした。

私が子供時代、外で働いている女性はあまりいませんでした。高度経済成長期で、男性が遅くまで働いて、女性は家を守るというのが父母の世代の常識です。私も卒業後に就職し、しばらくしたら結婚をし、次の世代を育てていくものだと、当時はごく普通に思っていました。

アメリカから帰国後、プロゴルファーになりましたが、プロになるとは思ってもいなかったですし、プロになった当初はいろいろな葛藤を抱えながら試合に向かっている自分がいました。しかし、そんな中でも勝負の世界である以上、やるからには良い成績を出したい、優勝したいという気持ちはどんどん大きくなっていきました。試合をするために多くの時間とお金を使って遠方まで行き、中途半端な内容で帰ってくると、ものすごく虚しさを覚えます。特に落合さんに言葉（95ページ参照）を頂いてからは、同じ時間を費やすなら、自分にできることは最大限に準備して試合に臨みたい、という気持ちが強くなっていました。そうして一生懸命に取り組むと、新たな課題が発見できたり、一段上の違う景色が見えたりして、日々新鮮な気持ちになって生活にも張りが出るようになるのです。

１９９０年代中盤以降はゴルフクラブも過渡期を迎えて、プロ入り時点のパーシモンからメタル、チタンなどと、素材だけでなく大きさや長さまで毎年激しく変わっていきました。元々私はボールを操作していくタイプだったので、特にメタルからチタンに変わったときは苦労しました。打ち方などもこれまでとはかなり違います。少し前まで私より飛ばなかった選手が、新しい道具を使っただけで20ヤード以上も前にいる。道具の進化に対応できなければ取り残されてしまうことを実感しました。スイングとクラブの対応を繰り返しての一年一年が本当に早かったですし、毎年追い掛けられた日々でもあり、自分の将来をイメージする余裕もありませんでした。当時はこのギア（道具）の大きな変化にどう対応していくかが重要で、その成否に生き残りが懸かっていました。

私も現役を終えて、時代の変化とともに人生もまた新たな局面を迎えています。いろいろなことが選択できる世の中です。時に情報をアップデートしたり、時に立ち止まって自分を俯瞰したりしながら、感性や直感に従って今の時代を自分の色で生きてみたいと思っています。

私の人生は小さい頃に思い描いていたものとは違いました。もっと言えば、ずっと夢と呼べるような強い目標を持てずにいました。自らの夢を語れる人を羨ましく思い、同時に劣等感も感じ、自分がひどくちっぽけな存在に思えてしまったことも一度や二度ではありません。人生という船を自分の手で漕いでいるようで、実は流されているだけのようで……。そんな中、焦りもありましたが、一つだけ気を付けていたことがあります。それは一生懸命目の前のこと（仕事など）に一つひとつきちんと向き合うことでした。

思い悩みながらも、その都度自分の人生と向き合ってきたつもりです。

先の見えない暗闇のような道を歩く私が、小さな宝物のようにいつも胸にしまっていた言葉があります。

「意志あるところに道は開ける」（私の名前も一文字入っています……〈笑〉）。

夢を持てずたとえ光が見えずにいたとしても、〝意志〟を失わずにいればいつか物事が好転していく意味と受け止めて、いつもこの言葉を胸に抱え、自分自身と対峙してきました。

もがいて、苦しんで、ジタバタして、それでも歩みだけは止めずに進み、「頂上の見えない山」を登るような日々でしたが、あるとき振り返って見たら、そこに〝軌跡〟ができていた、そんな感じなのです。

人生はタラレバの連続です。
あのとき森先生にコーチをお願いしなかったら……。
あのとき日本人ばかりの大学を選んでいたら……。
あのとき落合さんとゴルフに行かなかったら……。
結果的に、私は〝そうでない方〟を選んで今日ここに立っています。
事前に結果が分かっていたことなど何一つありません。
でも一つだけ確かなことは、迷い苦しんだ時期でも自分自身の意志で選んできた道だということです。

今日は未来から見た「あの頃」です。

「あのときああすれば良かった」と振り返るか。

「たくさん失敗しちゃったけど、いろいろやってみた」と思えるか。

他の誰でもない、すべては今日のあなた自身の〝意志〟が決めるのです。

将来の夢がなくて悩んでいる人、仕事がうまくいかなくてもがいている人、同期や同僚の活躍に内心焦ってしまっている人、定年が近く、自分の人生の限界を勝手に感じてしまっている人等々……苦しい状況を本当の意味で好転させるのはテクニックでは決してありません。自らの志を忘れずにいることが、状況を好転させることにつながっていくのだと信じています。一度きりの人生、そんな気持ちで開拓者として私自身もこれから突き進んでいきたいと思います。この本が皆さんの背中をそっと押すようなきっかけになれたらこれ以上の幸せはありません。

【特別寄稿】

『好転力』出版に寄せて

迫本淳一
松竹株式会社　代表取締役社長

人には、それぞれの喜びや悲しみがあり、その人生にはそれぞれ価値があり他と比べる事は出来ない。しかし、明日の自分が今日の自分より成長する事を願い、自分の人生に夢を描く事は多くの人に共通する事だ。そういう夢を追うすべての人にこの「好転力」を読んで欲しい。

我々芸能の世界でもまた、スポーツでもビジネスでも、成功者として長く第一線で活躍している人を見ていると、仕事へ精進する圧倒的な力があり、かつ周りの人を自分の人生に巻き込んで歩む力がある。そして、この二つの力を推し進める根本にはハングリー精神があるのだと思う。

イギリスのエリートを養成する、ある有名なパブリックスクールでは、年若い生徒を教育する校訓の一つとして「飢えと寒さ」を掲げていると聞いた事がある。それ程、若い頃にハングリーな精神を養うという事は重要なのだろう。

服部さんに初めてお目にかかるまで、服部さんは経済的にもゴルフをする上でも恵まれた環境に育った運動能力の高いお嬢様だと思っていた。お目にかかってからも、何時も爽やかな佇まいでハングリーな世界とは無縁と思っていた。しかし、本書を読んで服部さんが、小学校の恩師や強い個性をお持ちのお祖父様、父上そして１９６２年に日本女子アマを制されている厳しいお母様と接する事によって如何に努力してハングリーになりながらその恵まれた才能を開花させていかれたかが分かった。１９８４年15歳で当時史上最年少で日本女子アマに優勝し、翌１９８５年、16歳の時、当時全米史上最年少、かつ日本人としては初の全米女子アマ優勝をどのようにして勝ち取られたかの話は、決してフロックではなく、ゴルフ以外のスポーツにも大いに参考になる。

プロゴルファーの森道應さん、テキサス大学コーチのパット・ワイスさんやトム・カイトさんご夫妻との出会い、プロ野球の落合博満氏や岡本綾子さんの言葉や多くの財界人と接する事によって服部さんがゴルフに開眼されていったくだりを読むと、服部さんが自ら求めて出会いを作っている事が分かる。成功者に共通する「周りの人を巻き込む力」というのは、漫然と人との交際を増やすのでは達成できない。自分の人生の目標と求めているものが明確でその領域の琴線に触れる人に対して積極的に関わる事によって成し遂げられる。したがって、その領域の人間が好きで人間観察が大好きなのだ。本書で服部さんが触れられている人は、ニクラスさんからデシャンボー選手、アニカ・ソレンスタムさん、尾崎将司さん、樋口久子さん、不動裕理さんから宮里藍さん、渋野日向子さんまで幅広い。また、将棋の米長さん、羽生さん、藤井聡太さんやファッションのココ・シャネルさんのように他の世界で勝負に懸けている方々がいて、そこでの服部さんのコメントを読んでいるだけでも面白い。

今、ゴルフ界は盛況で女子プロゴルフも人気が高い。しかし、女子プロゴルファーの日常というのは、意外と知られていない。ご自分のこれまでを飾らず書いている本書を読んで、こんな感じなんだと感じる方も多いと思う。アメリカの大学へゴルフ留学したという貴重な経験の話も、これから世界に羽ばたこうと夢見ている後進に参考になる。

このように盛り沢山の「好転力」だが、私が一番興味深かったのは、服部さんがミズノオープンで初優勝してから後の話だ。どのような世界でも一度成功すると地位、名誉、お金等が大なり小なり満たされる。その反面「ハングリー精神」はどうしても薄くなってしまう。しかし、業界への新規参入者はハングリーそのもので次から次へと戦場に出てくる。したがって、これに打ち勝つ事は最初の勝利よりも遥かに価値があるのだ。ツアー通算18勝はどのように果たされたかに興味があったのだ。人生誰でも流れが良い時は何をしても上手くいく場合が多い。勝者と敗者の差がつくのは、悪い流れの時にどれだけの事が出来たかによるのではないだろうか。心身ともに自分のゴルフに限界を感じ、新コーチのジョー・ティールさんと新たな取り組みを模索している30歳の時、それまで温かく服部さんを見守られてきたお父様が亡くなられる。その悲しみを乗り越えてメジャーである日本女子プロを制し初の賞金女王になられた服部さんの「逆境を力に変える考え方」は、一度優勝を経験した女子プロだけでなく、人生のすべてのチャレンジャーの励みになる。私が勤務する松竹もこれまで多くの苦しい状況があったし、これからもあると思うが、この本を読んで皆で頑張っていきたい。

冒頭書いたように、人の人生は比べられない。地位や肩書があっても満たされない人もいるし、それがなくても幸せな人は沢山いる。長い人生では誰もが敗北を経験するものだが、松竹でも映画、歌舞伎、演劇を通して、そのような状況の人を応援できる作品を提供出来たらと思っている。しかし、そこから未来の勝者になるために「好転力」は最高の参考書となる。

15年以上前になるが、ＴＢＳにいらして鬼籍に入られた城所さん、テレビ朝日にいらしてやはり先年亡くなられた斉田さん、ＮＨＫからＷＯＷＯＷに行かれた和崎さんと食事する会があった。その会で服部さんの大ファンだった城所さんから服部さんを紹介された。それ以降、皆で毎年三菱キャタピラーの試合を観戦したり、食事会をして服部さんを応援させて頂いている。

服部さんのような超一流アスリートとは全く比べようもないが、私も体育会系で育ち、中学校で水泳部、高校でハンドボール部に所属し、どちらも学校始まって以来初めての県大会や関東大会優勝の経験があり、家でも父から「運動して負けるくらいならやめちまえ」と怒られるような境遇で育った。しかし、ゴルフは齢50歳頃から始めた。当時体重も１１０キロ以上あって減量していたので、周りからは「スコアと体重、どちらが先に１００を切るか」とか「お前はエージシューターでなくウェイトシューターだな」等と揶揄されていた。そのようなゴルフの腕前なので、服部さんから依頼された本書の寄稿をさせて頂く資格は全くない。しかし、城所さんがこの本を読まれたらどれ程喜ばれるかと思い、「『好転力』出版に寄せて」を書かせて頂いた。

読み終えて、この本にもっと早く出会えていたら、私も「ウェイトシューター」でなく「エージシューター」を狙えたかもしれないと感じた。一人でも多くの方が少しでも早くこの本を読まれて、ゴルフだけでなく人生の様々な局面でエージシュートを達成されたらと思っている。そして、誰もが体験できない世界で活躍されてきた服部さんが、今年の東京オリンピックを皮切りに、さらに高いステージで我々に夢と希望を与えてくださることを心から願っている。

2021年5月

あとがき

「ゴルフは人生の縮図」と言われます。競技生活30年、そしてその後の十数年。ゴルフを通じて様々な出会いがあり、多くの助言やサポートを受け、私の人生はとても心豊かで彩りのあるものとなりました。

そして、本書の執筆は更に今までにない違った色を加えてくれたのではないかと感じています。

まさか自分の本を出版する日がくるとは……。趣味は読書と公言してきましたが、自分が執筆する側になるとは思ってもみませんでした。私が書いた本を手に取り、読んでくれる人はいるのだろうかと、悩んだその当時のことを今もよく覚えています。

考えた末、「新しいチャレンジができるのは幸せなことだ」という思いから決心し、それからは文字通りチャレンジの連続でした。パソコンで文章を書き、メールで原稿を送りオンラインでミーティングをする……ゴルフを職業としてきた私にはこういったこともすべて初めてのことでした。

「どのような内容であればいいのか」と試合とは違った苦しみもありました（笑）。ようやく書き終えた今、これで正解なのか分かりませんが、正直少しホッとして、少なからず解放感も感じています。

また、執筆を始めてから「ゴルフの素晴らしさ」を今まで以上に感じることができました。振り返ることのなかった自分の人生を今回初めて振り返り、ゴルフを通じて得たかけがえのない経験、学び、そして素敵な出会い、友情などを再認識することができました。すべてが私の財産です。

自分のことやプライベートを話すことが苦手なのですが、素直にありのままの気持ちで私の経験の一部を恥ずかしながら披露させていただきました。

根気強く本書に最後までお付き合いくださった読者の皆様、本当にありがとうございます。

そして「何事も10年」と諭してくれた母のひと言には心から感謝しています。長い間ゴルフを続けてこられて本当に良かったです。また、家族がいつも私に寄り添ってくれる、かけがえのない存在だと改めて気づかされました。私の大切な家族へお礼を言いたいと思います。いつも支えてくれてありがとう！

本文中では限られたページ数の中で、ほんの一部の方々のエピソードしか書くことができませんでしたが、私の人生には感謝すべき多くの方々が存在します。この場をお借りして御礼を言わせていただきたいと思います。

私のゴルフの原点を創ってくださった森道應先生、そしてコーチのジョー・ティールさん、心から感謝致します。アマチュア時代から大変お世話になっている日本ゴルフ協会の皆様、そしてナショナルチームの皆様、愛知カンツリー倶楽部の皆様、北山ゴルフセンターの皆様、多感な学生時代にお世話になった愛知淑徳高校の先生方と同級生のみんな、本当にありがとうございます。テキサス大学のパット・ワイスコーチとチームメイトのみんな、Thank you so much! 倉本昌弘さんとマッシーコーポレーションの皆様、川田太三さんとティアンドケイインターナショナルの皆様にもお世話になりました。ありがとうございます。私の現役ゴルフ人生を支えてくださった三木秀夫さんと三共生興株式会社の皆様、多くのスポンサー企業の皆様、心から御礼申し上げます。トーナメントで大きな声援を送ってくださったファンの皆様、応援がとても力になりました。ありがとうございます。橋本政昭さん、上迫美恵子さん、お力添えを頂き感謝の気持ちでいっぱいです。女子プロゴルファーの仲間たち、特に高又順さん、たに ひろえさん、いつも親身になってくれて心強いです。ありがとうございます。そして日本女子プロゴルフ協会の皆様、心から感謝申し上げます。

本書の出版に際しご尽力頂いた、古くからの友人である株式会社世界文化ホールディングス代表取締役社長・鈴木美奈子さんには改めて感謝申し上げます。昔話を掘り出して何とか書き上げることができました(笑)。激励とともに心温まる文章をご寄稿頂いた松竹株式会社代表取締役社長・迫本淳一さん、過分なる推薦文をお寄せ頂きましたアース製薬株式会社取締役会長・大塚達也さん、シドニー五輪女子マラソン金メダリストの高橋尚子さん、身に余る光栄と嬉しさに心が震えました。感謝申し上げます。最後に、編集の大森春樹さん、構成の今岡涼太さん、株式会社One For Oneの飯村直登さんほか皆様、どうもありがとうございました。深く御礼を申し上げます。

「人間万事塞翁が馬」、私はこの諺がとても好きです。人生何が幸福で何が不幸なのかは安易に判断できません。諦めず、怠らず、抗わず、地道に自分自身と向き合って歩んできました。過去もこれからも、私の生き方は同じです。今後については長年培ってきた経験や知見をもって、微力ながらゴルフ界、そしてスポーツ界に貢献していきたいと思います。

引き続き、皆様の温かいご支援、ご指導を頂ければ幸いです。

最後になりますが、読者の皆様の人生が心豊かで彩りのあるものとなりますように。

心からの感謝の気持ちを込めて

2021年6月

服部道子

服部道子〈ゴルフ年表〉

1978年	ゴルフを始める	小学4年生
1979年	初ラウンドのスコアは109	小学5年生
1983年	森道應プロに出会い師事する	中学3年生
1984年	日本女子アマチュアゴルフ選手権競技	当時史上最年少（15歳9ヶ月）で優勝
1985年	日本女子アマチュアゴルフ選手権競技	2年連続優勝
	全米女子アマチュアゴルフ選手権	当時史上最年少（16歳11か月）で優勝 日本人初のUSGAタイトルホルダーに
1987年	アメリカ・テキサス大学オースティン校 入学	
1988年	日本女子アマチュアゴルフ選手権競技	3度目の優勝
1991年	アメリカ・テキサス大学オースティン校 国際経営学部 卒業、日本へ帰国	
	（大学在学中）NCAAリーグ10勝、オールアメリカンファーストチーム4度選出、「マリリン・スミス賞」等受賞	
1991年	日本女子プロゴルフ協会プロテストを受験、トップで合格しプロ生活がスタート	
1993年	ミズノオープンレディス	ツアー初優勝（この年3勝）
1994年	日本女子オープンゴルフ選手権	国内メジャー初優勝
1998年	日本女子プロゴルフ選手権大会コニカ杯を含む年間5勝を挙げて賞金女王に輝く	
2003年	日本女子オープンゴルフ選手権	2度目の優勝
	プロツアー通算18勝（国内メジャー3勝を含む）	
2009年	結婚	
2010年	プロツアーから一線を退く	
2013年	長男出産	
2015年	WGCA Player Hall of Fame　受賞	
2019年	2020年東京オリンピック ゴルフ日本代表女子コーチに就任	

服部道子（はっとり みちこ）

愛知県生まれ。小学4年生のときに祖父の勧めでゴルフを始める。

1984年に日本女子アマチュアゴルフ選手権を当時史上最年少の15歳9ヶ月で優勝。翌年にはUSGA（全米ゴルフ協会）の主催する全米女子アマチュアゴルフ選手権を当時史上最年少で優勝し、120年以上続くUSGAの歴史でUSGAのタイトルを獲得した初の日本人となる。

高校卒業後はアメリカ・テキサス大へ進学。NCAAリーグで10勝しオールアメリカンファーストチームに4度選出。文武両道の学生に贈られる「マリリン・スミス賞」等を受賞した。

91年に国際経営学部を卒業後に帰国しプロ転向。98年に年間5勝を挙げて賞金女王に輝き、国内外ともに活躍した。国内メジャー3勝を含む通算18勝。

現在は一児の母として奮闘する傍ら、2020東京オリンピック ゴルフ日本代表女子コーチを務める。ゴルフトーナメントの解説や講演、執筆活動など幅広く活躍中。本書が初の著作となる。

［構成］
今岡涼太

［校正］
株式会社円水社

［装幀・本文デザイン］
村奈諒佳

［協力］
松竹株式会社、株式会社One For One

［DTP制作］
株式会社明昌堂

［編集］
大森春樹（株式会社世界文化ブックス）

好転力 心をシンプルにすればうまくいく

発行日　2021年 7月30日　初版第1刷発行
　　　　2021年10月25日　第4刷発行

著　者　服部道子
発行者　竹間 勉
発　行　株式会社世界文化ブックス
発行・発売　株式会社世界文化社
〒102-8195 東京都千代田区九段北4-2-29
電話 03（3262）5118（編集部）
電話 03（3262）5115（販売部）
印刷・製本　中央精版印刷株式会社

ISBN978-4-418-21210-1